DIAGNÓSTICO E TRATAMENTO DOS PROBLEMAS DE APRENDIZAGEM

Aviso ao leitor

A capa original deste livro foi substituída por esta nova versão. Alertamos para o fato de que o conteúdo é o mesmo e que esta nova versão da capa decorre da alteração da razão social desta editora e da atualização da linha de design da nossa já consagrada qualidade editorial.

P144d   Paín, Sara
          Diagnóstico e tratamento dos problemas de aprendizagem / Sara Paín ; tradução Ana Maria Netto Machado. – Porto Alegre : Artmed, 1985.
          86 p. ; 23 cm.

          ISBN 978-85-7307-414-7

          1. Educação – Aprendizagem. I. Título.

                                                                             CDU 376.5

Catalogação na publicação: Juliana Lagôas Coelho – CRB 10/1798

DIAGNÓSTICO E TRATAMENTO DOS PROBLEMAS DE APRENDIZAGEM

SARA PAÍN

Tradução:
ANA MARIA NETTO MACHADO
Psicóloga Clínica

Supervisão da tradução e apresentação ao leitor brasileiro:
JOSÉ LUIZ CAON
Licenciado em Letras. Mestre em Psicologia Clínica pela PUC/RS. Coordenador, Supervisor e Professor da Área de Psicologia Clínica do Curso de Psicologia da UFRGS.

Reimpressão 2008

1985

Obra originalmente publicada em espanhol sob o título: *Diagnóstico y tratamiento de los problemas de aprendizaje*
© de Ediciones Nueva Visión, 1981, Buenos Aires.

Capa: Mário Röhnelt

Supervisão editorial: Paulo Flávio Ledur

Editoração eletrônica
Projeto gráfico

artmed®
EDITOGRÁFICA

Reservados todos os direitos de publicação, em língua portuguesa, à
ARTMED® EDITORA S.A.
Av. Jerônimo de Ornelas, 670 - Santana
90040-340 Porto Alegre RS
Fone (51) 3027-7000 Fax (51) 3027-7070

É proibida a duplicação ou reprodução deste volume, no todo ou em parte, sob quaisquer formas ou por quaisquer meios (eletrônico, mecânico, gravação, fotocópia, distribuição na Web e outros), sem permissão expressa da Editora.

SÃO PAULO
Av. Angélica, 1091 - Higienópolis
01227-100 São Paulo SP
Fone (11) 3665-1100 Fax (11) 3667-1333

SAC 0800 703-3444

IMPRESSO NO BRASIL
PRINTED IN BRAZIL

APRESENTAÇÃO AO LEITOR BRASILEIRO

A psicologia clínica escolar, ou da aprendizagem, vem se afirmando como uma das mais promissoras especializações da psicologia clínica. Os psicólogos clínicos que se defrontam com os problemas de aprendizagem encontrarão em Sara Paín uma proposta de trabalho nova, original e prática, fundamentada e articulada sobre três das mais importantes teorias que hoje vigoram na humanidade: a psicanálise, a teoria piagetiana e o materialismo histórico.

Sara Paín é uma profissional que pensa constantemente a sua prática. O leitor encontrará, em todos os capítulos, o espírito que move a inventividade da autora: uma paixão por aquilo que faz, iluminada de raro poder crítico, o que, a meu ver, é o grito de libertação e de emancipação de um povo marginalizado que cada vez mais encontra, em seus verdadeiros intelectuais, os caminhos para a conquista, para a posse e para o gozo dos bens culturais obtidos pela ciência; no caso, a psicologia.

A noção de não-aprendizagem, como processo diferente da aprendizagem, e não apenas como seu reverso, ou oposto, marca esta obra e nos coloca na responsabilidade de prestarmos atenção à maneira peculiar e singular com que cada sujeito se mantém ignorando. É também um alerta para o quão facilmente marginalizamos aqueles que fazem algo diferente da norma.

Nos primeiros capítulos, Sara postula os fundamentos teóricos nos quais baseia sua técnica. O leitor, em certos momentos, poderá achar a leitura destes primeiros capítulos, que exploram teses de diversos campos da filosofia e da pesquisa científica, um agregado de idéias justapostas. Mas isto é o fruto da primeira impressão, que, em geral, é acrítica. A leitura atenta e mesmo a releitura o levará ao verdadeiro espírito do trabalho de Sara Paín, que, além de clínico, é crítico e teórico.

Os Capítulos 5 e 6 apresentam o tema do diagnóstico. Este é o tema mais desenvolvido e é o que oferece mais subsídios para a prática clínica escolar. A autora reivindica um psicodiagnóstico abrangente, incluindo o viés do próprio diagnóstico, pervertido este pela ideologia do "saber" dominante, que, aparecendo como saber, nada mais é do que um poder cheio de manhas e embustes. Basta verificar como a autora consegue discernir entre oligofrenia e oligotimia e ver, por meio desta, aquilo que freqüentemente passa em brancas nuvens perante os olhos e a inteligência de muitos psicólogos, psiquiatras, neuro-pediatras, pedagogos, professores, pais, líderes políticos e, principalmente, perante os olhos dos professores universitários.

O Capítulo 7, muito sucinto, prende o leitor na espera de mais material sobre a técnica de tratamento proposta pela autora.

A tradução de Ana Maria Netto Machado, que fala e escreve as duas línguas que unem a América Latina, é sua estréia nesta atividade e confere ao texto brasileiro o mesmo espírito que a autora fez vibrar no texto castelhano.

Os alunos de graduação em Psicologia, especialmente aqueles que se encontram na prática do estágio de Psicologia Escolar e Clínica, encontrarão neste pequeno grande livro um instrumento de mudança, pois lhes exigirá a aquisição de novas acomodações e o abandono de certas assimilações (no sentido piagetiano), assimilações estas que certo discurso universitário, promotor de docilidades e amenidades, teima em manter para se manter.

José Luiz Caon
Porto Alegre, março de 1985.

SUMÁRIO

PRÓLOGO 9

1. APRENDIZAGEM E EDUCAÇÃO 11

2. DIMENSÕES DO PROCESSO DE APRENDIZAGEM 15
    A dimensão biológica do processo de aprendizagem 15
    A dimensão cognitiva do processo de aprendizagem 16
    A dimensão social do processo de aprendizagem 17
    O processo de aprendizagem como função do eu (*yo*) 18

3. CONDIÇÕES INTERNAS E EXTERNAS DA APRENDIZAGEM 21

4. O PROBLEMA DA APRENDIZAGEM: FATORES 27
    Fatores orgânicos 28
    Fatores específicos 29
    Fatores psicógenos 30
    Fatores ambientais 33

5. DIAGNÓSTICO DO PROBLEMA DE APRENDIZAGEM 35
    Motivo da consulta 35
    História vital 42
    Hora de jogo 50
    Provas psicométricas 55
    Provas projetivas 61
    Provas específicas 65
    Análise do ambiente 67

6. DIAGNÓSTICO E ORIENTAÇÃO TERAPÊUTICA 69
    Hipótese diagnóstica 69
    Devolução diagnóstica 72
    Tratamento e contrato 73

7. TRATAMENTO 77
    Enquadramento 77
    Objetivos 80
    Técnicas 83

PRÓLOGO

Este livro não se constitui no fruto acabado de uma experiência completa; trata-se mais precisamente de um feixe de hipóteses, conclusões inconclusas que resumem simultaneamente os acertos recolhidos e os erros descartados em 15 anos de trabalho psicopedagógico. Seu objetivo é mostrar um caminho, em parte já percorrido, mas que requer correções e verificações permanentes, seja ao nível da crítica ideológica, da contribuição teórica, ou da adequação técnica; desta forma, sua razão de ser é modificar-se.

Expresso meu mais profundo agradecimento àqueles que tornaram possível este trabalho, pelo fato de considerá-lo necessário, a Haydée Echeverria, pela sua generosa assistência, e a Beatriz Grego, por aqueles temas em que reconheço nosso diálogo.

APRENDIZAGEM E EDUCAÇÃO

1

O processo de aprendizagem se inscreve na dinâmica da transmissão da cultura, que constitui a definição mais ampla da palavra educação. Podemos atribuir a esta última quatro funções interdependentes:

a) Função mantenedora da educação: ao reproduzir em cada indivíduo o conjunto de normas que regem a ação possível, a educação garante a continuidade da espécie humana. De fato, se a continuidade do comportamento animal está inscrita em sua maior parte na disposição genética, a continuidade da conduta humana se realiza pela aprendizagem, de tal maneira que a instância ensino-aprendizagem permite a cada indivíduo, pela transmissão das aquisições culturais de uma civilização, a vigência histórica da mesma.

b) Função socializadora da educação:[1] a utilização dos utensílios, da linguagem, do habitat, transformam o indivíduo em sujeito. Desta forma, na realidade a educação não ensina a comer, a falar ou a cumprimentar. O que ela ensina são as modalidades destas ações, regulamentadas pelas normas do manejo dos talheres, pela sintaxe, pelos códigos gestuais da comunicação. O indivíduo, à medida em que se sujeita a tal legalidade, se transforma em um sujeito social, e se identifica com o grupo, que com ele se submete ao mesmo conjunto de normas.

Interessa distinguir entre dois tipos de socialização; aquela que provém da internalização pura e simples do conjunto de normas do superego (*superyo*)* e aquela possibilitada pela compreensão ou pela conscientização da origem, da articulação, das limitações e da função de cada modalidade de ação.

---

[1] Cf. Michel Tort, *El psicoanálisis en el materialismo histórico*, Noé, Buenos Aires, 1973.

Superyo: A autora se utiliza dos termos *yo, ego, ello, id, superyo*, alternadamente. A fim de não introduzir modificações no texto e de evitar explicações polêmicas, adotamos a denominação brasileira mais usual, de ego, id e superego, acompanhando a tradução, do termo originalmente usado pela autora, sempre entre parêntesis. Desta forma o leitor pode tirar suas próprias conclusões.

c) Função repressora da educação:[2] se, por um lado, a educação permite a continuidade funcional do homem histórico, garante também a sobrevivência específica do sistema que rege uma sociedade, constituindo-se, como aparelho educativo, em instrumento de controle e de reserva do cognoscível, com o objetivo de conservar e de reproduzir as limitações que o poder destina a cada classe e grupo social, segundo o papel que lhe atribui na realização de seu projeto socioeconômico.

Entretanto, a educação, pelo fato de cumprir simultaneamente funções conservadoras e socializadoras, não reprime no mesmo nível que outros aparelhos, como, por exemplo, o jurídico-policial, na medida em que produz uma autocensura, pela qual o sujeito torna-se depositário de um conjunto de normas, que passa a assumir como sendo sua própria ideologia.

d) Função transformadora da educação:[3] as contradições do sistema produzem mobilizações primariamente emotivas, que aquele procura canalizar mediante compensações reguladoras que o mantém estável. Mas, quando essas contradições são assumidas por grupos situados no lugar da ruptura, elas se impõem às consciências de maneira crescente. Daí surgem modalidades de militâncias que se transmitem por meio de um processo educativo que consiste não apenas em doutrinação e em propaganda política, mas que também revela formas peculiares de expressão revolucionária.

Em resumo, em função do caráter complexo da função educativa, a aprendizagem se dá simultaneamente como instância alienante e como possibilidade libertadora.

A alfabetização, por exemplo, que sustenta um sistema opressivo baseado na eficiência e no consumo, se transforma na via necessária da conscientização e da doutrinação rebelde.

Desta forma, o sujeito que não aprende não realiza nenhuma das funções sociais da educação, acusando, sem dúvida, o fracasso da mesma, mas sucumbindo a esse fracasso. A psicopedagogia, como técnica da condução do processo psicológico da aprendizagem, traz, com seu exercício, o cumprimento de ambos fins educativos. A psicopedagogia adaptativa, preocupada em fortalecer os processos sintéticos do ego (yo) e em facilitar o desenvolvimento das funções cognitivas, pretende colocar o sujeito no lugar que o sistema lhe designou. Diferentemente, optamos por uma psicopedagogia que permite ao sujeito que não aprende fazer-se cargo de sua marginalização e aprender, a partir da mesma, transformando-se para integrar-se na sociedade, mas dentro da perspectiva da necessidade de transformá-la.

Entretanto, o problema de aprendizagem mais grave não é o daquele sujeito que não cumpre a norma estatística, mas, daquele que constitui a oligotimia social, que produz sujeitos cuja atividade cognitiva pobre, mecânica e passiva, se

---

[2]Cf. Tomás Vasconi, "Contra la scuela", *Revista de Ciências de la Educación*, n. 9, Buenos Aires, 1972.

[3]Paulo Freyre, *Educación como práctica de la libertad*, Tierra Nueva, 1969.

desenvolve muito aquém daquilo que lhe é estruturalmente possível. A função da ignorância é aqui analisada na situação individual patológica, mas, por meio desta análise, é possível recuperar articulações que nos colocam no caminho de uma interpretação mais ampla do problema do desconhecimento, o que nos permitirá encarar transformações mais efetivas no campo da programação psicopedagógica e estabelecer as condições de sua viabilidade.

A fim de esclarecer o alcance das técnicas psicopedagógicas aplicadas aos problemas de aprendizagem, convém diferenciar os problemas de aprendizagem tanto dos problemas de nível como daqueles exclusivamente escolares; e, por outro lado, estabelecer a diferença entre a perspectiva psicopedagógica e a estritamente pedagógica.

Consideramos perturbações na aprendizagem aquelas que atentam contra a normalidade deste processo, qualquer que seja o nível cognitivo do sujeito. Desta forma, embora seja freqüente uma criança de baixo nível intelectual apresentar dificuldades para aprender, apenas consideraremos problemas de aprendizagem aqueles que não dependam daquele déficit. Isto quer dizer que os problemas de aprendizagem são aqueles que se superpõem ao baixo nível intelectual, não permitindo ao sujeito aproveitar as suas possibilidades.

Cabe diferenciar dos problemas de aprendizagem aquelas perturbações que se produzem exclusivamente no marco da instituição escolar. Os problemas escolares se manifestam na resistência às normas disciplinares, na má integração no grupo de pares, na desqualificação do professor, na inibição mental ou expressiva, etc., e geralmente aparecem como formações reativas diante de uma enlutada e mal elaborada transição do grupo familiar ao grupo social. Em tais casos, a orientação se inclina por um tratamento psicoterapêutico grupal com apoio pedagógico, a fim de evitar o iminente fracasso escolar.

Finalmente, convém assinalar o alcance da psicopedagogia com relação à intervenção pedagógica específica; o que permite delimitar o terreno de competência do psicólogo dedicado à aprendizagem e o terreno do especialista em Ciências da Educação, que atende às perturbações na aquisição dos processos cognitivos. Este último se preocupa principalmente em construir situações de ensino que possibilitem a aprendizagem, incrementando "Os meios, as técnicas e as instruções adequadas para favorecer a correção da dificuldade que o educando apresenta. Diferentemente, o psicólogo se interessa pelos fatores que determinam o não-aprender no sujeito e pela significação que a atividade cognitiva tem para ele. Desta forma, a intervenção psicopedagógica volta-se para a descoberta da articulação que justifica o sintoma e também para a construção das condições para que o sujeito possa situar-se em um lugar tal que o comportamento patológico se torne dispensável.

DIMENSÕES DO PROCESSO DE APRENDIZAGEM

2

O processo de aprendizagem não configura nem define uma estrutura como tal, e o fato de certos acontecimentos serem passíveis de classificação, sem confusão, sob o nome "aprendizagem",[1] se deve mais à sua função e modalidade e, no melhor dos casos, à sistematização das variáveis intervenientes do que à sua assimilação a uma construção teórica coerente.

Se a aprendizagem não é uma estrutura, não resta dúvida de que ela constitui um efeito, e neste sentido é um lugar de articulação de esquemas.

Nesse lugar do processo de aprendizagem coincidem um momento histórico, um organismo, uma etapa genética da inteligência e um sujeito associado a outras tantas estruturas teóricas de cuja engrenagem se ocupa e preocupa a epistemologia. Referimo-nos principalmente ao materialismo histórico, à teoria piagetiana da inteligência e à teoria psicanalítica de Freud, enquanto instauram a ideologia, a operatividade e o inconsciente. Procuraremos abranger a vastidão deste lugar de coincidência por meio da descrição de suas dimensões.

A DIMENSÃO BIOLÓGICA DO PROCESSO DE APRENDIZAGEM

Em sua obra *Biologia e conhecimento*[2] Piaget assinala a presença de duas funções comuns à vida e ao conhecimento: a conservação da informação e a antecipação. A primeira refere-se à noção de "memória", em cujo processo podem verificar-se dois aspectos: a aquisição da aprendizagem e a conservação como tal. Afirma que, mesmo para as aprendizagens mais elementares, "toda informação adquirida a partir do exterior, é sempre em função de um marco ou de um esquema interno, mais ou menos estruturado". Isto explica o comportamento vital de exploração espontânea que garante o ajustamento ótimo do indivíduo a cada situação, e garante também a manutenção de seus esquemas de reação já existentes. A mesma atividade assimiladora concilia as descrições feitas para demonstrar a formação de reflexos condicionados e dos condicionamentos "instrumentais"; estes últimos aparecem como

---

[1]Ver definições de aprendizagem em L. Thorpe y A. Schmuller, *Les théories contemporaines de l'apprentissage et leur application à la pédagogie et à la psychologie*, P. U. F., Paris, 1959

[2]Jean Piaget, *Biología y conocimiento*: Siglo XXI, Madrid, 1969. Ver também "Los problemas principales de la epistemologia de la biologia" em *Logique et connaissance scientifique*, Encyclopédie de la Pléiade. Gallimard, Paris, 1967, e "Biogénesis de los conocimientos", em *Epistemologia genética*, A. Redondo, Barcelona, 1970.

16 Sara Paín

descobertas cujas relações são resultado de uma ação sobre a realidade, que é orientada pela coordenação de esquemas nascidos por um processo de diferenciação dos dados sobre os quais estes esquemas se aplicam e aos quais se acomodam. Já no terreno das condutas sensório-motoras do lactante, Piaget insiste que as estruturas do conhecimento apresentam a característica específica de serem construídas, motivo pelo qual não podem ser consideradas inatas, apesar do caráter hereditário da inteligência como aptidão do ser humano. A herança se inscreve no cérebro, na disponibilidade morfológica de conexões possíveis e na maravilhosa síntese da molécula DNA e aparece programada em alguns reflexos instintivos que, como o da sucção, vão desdobrar-se como mecanismos assimiladores das primeiras aprendizagens. A construção, embora prolongue a modalidade assimilativa de toda cognição, implica simultaneamente em um aspecto de experiência ou de manipulação do meio, e em um aspecto de funcionamento endógeno do sujeito, que tem relação com a progressiva estruturação da coordenação de suas ações.

Teríamos então três tipos de conhecimento: o das formas hereditárias programadas definitivamente de antemão, junto ao conteúdo informativo relacionado ao meio no qual o indivíduo atuará; o das formas lógico-matemáticas que se constroem progressivamente segundo estádios de equilibração crescente e por coordenação progressiva das ações que se cumprem com os objetos, dispensando os objetos como tais; e, em terceiro lugar, o das formas adquiridas em função da experiência, que fornecem ao sujeito informação sobre o objeto e suas propriedades. Se, como vimos, os dois últimos aspectos prolongam o funcionamento do primeiro, também aparecem como mutuamente implicados, já que, se, por um lado, toda ação é ação sobre um objeto, por outro, esta ação se desdobra com certa organização, impressa no marco das estruturas lógicas que permitem uma correta leitura da experiência.

A partir do ponto de vista biológico, e dentro do marco da epistemologia genética, haveria uma aprendizagem em sentido amplo, a qual consistiria no desdobramento funcional de uma atividade estruturante, que resultaria na construção definitiva das estruturas operatórias esboçadas em tal atividade. No entanto, haveria uma aprendizagem em sentido mais estrito, que permite o conhecimento das propriedades e das leis dos objetos particulares, sempre por assimilação a essas estruturas que permitem uma organização inteligível do real.

A DIMENSÃO COGNITIVA DO PROCESSO DE APRENDIZAGEM

Em uma referência estritamente psicológica à aprendizagem, P. Gréco,[3] no Volume VII do *Tratado de psicologia experimental*, dedicado à inteligência e à aprendizagem, considera conveniente diferençar três tipos de aprendizagem:

a) Em primeiro lugar, aquele no qual o sujeito adquire uma conduta nova, adaptada a uma situação anteriormente desconhecida e surgida dos sancionamentos trazidos pela experiência aos ensaios mais ou menos

---

[3]P. Gréco, *Traité de psychologie expérimentale*, t. VIII, P. U. F., Paris, 1959.

arbitrários do sujeito. O ensaio e erro nunca são completamente aleatórios, e, para que a experiência seja proveitosa, o ensaio e erro deve ser dirigido, e, o erro ou o êxito, assumido em função da organização prévia, que como tal, demonstra ser incompetente ou correta.

b) Em segundo lugar existe uma aprendizagem da regulação que rege as transformações dos objetos e suas relações mútuas. Nesta aprendizagem a experiência tem por função confirmar ou corrigir as hipóteses ou antecipações que surgem da manipulação interna dos objetos. Os procedimentos chamados de realimentação podem ser compreendidos, incluindo na própria definição dos esquemas de assimilação, os mecanismos de antecipação e de retro-ação capazes de corrigir a aplicação do esquema e de promover a acomodação necessária.

c) Em último lugar, temos a aprendizagem estrutural, vinculada ao nascimento das estruturas lógicas do pensamento, por meio das quais é possível organizar uma realidade inteligível e cada vez mais equilibrada. Ainda que não possamos considerar tais estruturas como aprendidas, pois elas próprias se constroem na condição de toda a aprendizagem, a experiência cumpre, no entanto, a função relevante e necessária de pôr em cheque os esquemas anteriormente constituídos e que demonstram, em alguns momentos, sua incompetência para dar conta de certas transformações.

Se consideramos, por exemplo, a experiência da conservação da quantidade de líquido no transvasamento para uma vasilha mais estreita, vemos que a compensação intuitiva que satisfaz uma criança de 5 anos não é suficiente para ela seis meses depois, até à opção, aos 6 anos, de uma explicação mais definitiva e equilibrada (por referência a um zero, quando diz: "tem a mesma coisa, porque não se acrescentou nem tirou nada"). A experiência nos períodos de transição tem, então, um papel negativo de acumular (aspecto quantitativo) contradições nos esquemas usados, promovendo a necessidade de inaugurar outros esquemas mais equilibrados (aspecto qualitativo); nos períodos de arraigamento ao esquema, o papel da experiência é aplicar tal estrutura aos diferentes aspectos da realidade, gerando, assim, múltiplos esquemas, cuja coordenação permite a compreensão do real e suas possibilidades de transformação.

A DIMENSÃO SOCIAL DO PROCESSO DE APRENDIZAGEM

No nível social, podemos considerar a aprendizagem como um dos pólos do par ensino-aprendizagem, cuja síntese constitui o processo educativo. Tal processo compreende todos os comportamentos dedicados à transmissão da cultura, inclusive os objetivados como instituições que, específica (escola) ou secundariamente (família), promovem a educação. Por meio dela, o sujeito histórico exercita, assume e incorpora uma cultura particular, na medida em que fala, cumprimenta, usa utensílios, fabrica e reza segundo a modalidade própria de seu grupo de pertencimento.

Educar consiste então em ensinar, no sentido de mostrar, de estabelecer sinais, de marcar como se faz o que pode ser feito. Desta forma, a criança aprende a

18 Sara Paín

expressar-se, a vestir-se, a escrever, e também a não se sujar, a não se atrasar, a não chorar. A maneira de fazer o que a educação prescreve tem por objetivo a constituição do ser que determinado grupo social precisa: ser respeitoso, limpo, pontual, sem afetações, etc. Por meio da ação desenvolvida e reprimida, o sujeito incorpora uma representação do mundo, à qual, por sua vez, se incorpora e se sujeita.

Assim, toda transmissão de cultura supõe uma amostra, uma seleção de modalidades de ação cujo determinante é a situação do educando na relação de produção, junto com outros fatores de nacionalidade, de geração, de profissionalização, etc., de sua família e de seu grupo de pertencimento. Neste sentido, a aprendizagem garante a continuidade do processo histórico e a conservação da sociedade como tal, por meio de suas transformações evolutivas e estruturais. Entretanto, também cumpre um papel relevante na implementação dessas transformações, pois é evidente que, se os sistemas estabilizados precisam educar para conservar-se, os revolucionários necessitam educar, com mais razão ainda, a fim de conscientizar e motivar a militância.

A transmissão da cultura é sempre ideológica, na medida em que é seletiva e é própria da conservação de modos peculiares de operar, e, portanto, serve à manutenção de estruturas definidas de poder. Métodos de análise baseados no materialismo histórico[4] e apoiados em outros recursos particularmente inspirados na lingüística estrutural,[5] permitem a denúncia das representações implícitas nos conteúdos transmitidos. A análise das formas e dos métodos de transmissão torna-se mais difícil, e encararemos sua crítica desde o ponto de vista ideológico e epistêmico na ocasião da programação.

O PROCESSO DE APRENDIZAGEM COMO FUNÇÃO DO EU *(YO)*

Foi preciso escolher entre a pulsão e a civilização, e a civilização venceu. Por meio da educação, a civilização pretende manter a pulsão em seus trilhos, e aproveitar sua energia em obras culturais. Sob o amparo desta trégua chamada latência, reassegurado por um superego *(superyo)* definitivamente incorporado e, portanto, sem riscos de ser perdido, e defendido em sua virtude pelo nojo e pelo pudor, a criança de 5 anos sepulta o fauno perverso de sua primeira infância na escuridão da amnésia. O pensamento associativo permite então resolver a pressão dos impulsos ao oferecer às demandas pulsionais vias que levam a satisfações substitutivas, permitindo, além disto, interpolar, entre a necessidade e o desejo, o adiamento que supõe o trabalho mental.[6]

W. Bion[7] considera que o ego *(yo)* é uma estrutura cujo objetivo é estabelecer contato entre a realidade psíquica e a realidade externa, e postula uma fun-

---

[4] Ver de M. Manacorda, *Marx y la pedagogía moderna,* Oikos-Tau, Barcelona, 1959.

[5] E. Verón et al., *Lenguaje y comunicación social,* Nueva Visión, Buenos Aires, 1971.

[6] S. Freud, "Mas allá del principio del placer", em *Obras completas,* Vol I, Biblioteca Nueva, Madrid, 1968.

[7] W. Bion, *Aprendiendo de la experiencia,* Paidós, Buenos Aires, 1966.

ção alfa capaz de transformar os dados sensoriais em elementos utilizáveis para ser pensados, rememorados e sonhados. Estes elementos se agrupam em uma barreira que permite proteger a emoção da realidade, e a realidade da emoção, não permitindo intromissões mútuas que possam alterar o devaneio, ou alterar a compreensão de uma situação precisa.

Ao que parece, os elementos alfa são captados em uma experiência emocional e integrados ao conhecimento como partes da pessoa; entretanto, haveria outros elementos, os beta, que entrariam no sujeito como "coisas" não-digeridas, formando, assim, um lastro não-utilizável nem pela imaginação, nem pela inteligência. Encontramos aqui formalizada a distinção entre o pré-consciente, de representações por um lado, e de objetos inconscientes não-verbalizados, pelo outro.

A aceitação do real perante o princípio do prazer é levada a efeito mediante a função sintética do ego (yo), já que este é capaz de pensar e, portanto, de adiar o cumprimento de um ato e de antecipar as condições nas quais este ato é possível. Também é concedida à mente a capacidade de discernimento, isto é, a possibilidade de perceber o que convém e o que não convém, quanto aos diferentes fatores em jogo, evitando, assim, racionalmente, a necessidade de reprimir. Outra possibilidade da inteligência humana sem a qual seria impossível deter a demanda impulsiva é a de atender e de memorizar, que põe o sujeito em atitude expectante com relação ao exterior.[8]

Podemos considerar que a aprendizagem reúne, em um só processo, a educação e o pensamento, já que ambos se possibilitam mutuamente no cumprimento do princípio de realidade. Entretanto, por mais que nos consolemos com as vantagens da civilização, com a maravilha da engenhosidade humana, por mais que nos regozijemos no equilíbrio do pensamento lógico ou de uma obra de arte, a aceitação do real – confessa Freud em 1911[9] – se baseia sempre em uma resignação. Desta forma, diante da noção Kleiniana de "capacidade de frustração", que caracteriza a saúde do ego (yo), teríamos a versão de Lacan,[10] para quem o ego (ego) é essencialmente frustração. Se o ego (ego) é, então, uma instância que submete (re-signa), convém tomar este vocábulo no seu sentido de "voltar a significar", como ato que permite conformar-se e, portanto, ser frustrado. Desde a mesma perspectiva já não faz sentido falar do "ego (yo) substantivo como organizado sobre o princípio da realidade, e deve-se partir da função de desconhecimento que o caracteriza em todas suas estruturas". O interesse deste ponto de vista é a atenção prestada ao reverso da aprendizagem, isto é, ao que se oculta quando se ensina, ao que se desprende quando se aprende.

---

[8] S. Freud, "Los dos principios del suceder psíquico", em *Obras completas,* Vol. II, Biblioteca Nueva, Madrid, 1968.

[9] S. Freud, "El aparato psíquico y el mundo exterior", em *Obras completas,* Vol. III, Biblioteca Nueva, Madrid, 1968.

[10] J. Lacan, "El estadio del espejo" e "Función y campo de la palabra", em *Lectura estructuralista de Freud,* Sigla XXI, Buenos Aires, 1971.

A simples revisão do sentido da aprendizagem a partir de diferentes níveis de interpretação da realidade evidencia a dificuldade para compreendê-la como objeto único e científico,[11] já que a síntese não se dá no nível teórico e sim no fenômeno. É o sujeito aprendendo que pertence a um grupo social particular passível de ser definido estruturalmente por meio de materialismo dialético, com um equipamento mental geneticamente determinado e cumprindo uma continuidade biológica funcional, e isto para cumprir o destino de outro; entretanto, mesmo a equação que possa resolver esta coincidência individual, não pode considerar-se ainda como uma construção, embora dela se aproxime paulatinamente.

---

[11]G. Bachelard, *El espíritu del conocimiento científico*. Siglo XXI, Buenos Aires, 1972.

CONDIÇÕES INTERNAS E EXTERNAS DA APRENDIZAGEM 3

O sujeito e o objeto não são dados como instâncias originariamente separadas. Pelo contrário, eles se discriminam justamente em virtude da aprendizagem e do exercício. À medida que exerce sua atividade sobre o mundo, o bebê pode construir, apesar das transformações, objetos permanentes, entidades diferentes dele e idênticas a si; por outro lado, tal atividade o define como agente e o determina, em primeiro lugar, pelo seu poder, como capacidade de ação. Portanto, podemos falar de condições externas e internas da aprendizagem apenas no sentido descritivo, já que nem sua genética na ação nem seu funcionamento dialético permitem a adoção do esquema estímulo-resposta que tal dicotomia sugere.

Distinguimos, então, por um lado, um mundo objetivo, com suas próprias leis e propriedades discrimináveis, que podem ser estudadas em termos de intensidade, freqüência, redundância, etc. Múltiplas experiências realizadas permitem conhecer a influência da qualidade e da quantidade de estímulo na aquisição de hábitos mecânicos, na possibilidade de reconhecimento, na fadiga muscular e da atenção, e as mudanças produzidas na aprendizagem pela interação do estímulo, os reforços, o incremento da originalidade sobre a redundância, o ruído, a modificação do "fundo" acústico e morfológico e até o timbre da voz do dissertante. Estes dados são especialmente importantes a nível de programação, com o objetivo de adequar os estímulos diretos e indiretos e de obter uma progressiva discriminação de relações.[1]

A Psicologia da Forma[2] procura superar a dicotomia estímulo-resposta destacando a estruturação do campo de aprendizagem; o que significa dizer que nem a situação nem o sujeito apareceriam alternativamente como ativos ou passivos, mas que ambos se organizariam em uma nova morfologia, na qual os dois momentos apareceriam imbricados. Aqui, a aprendizagem se daria como um *insight* da situação total e como o intuitivo desencadeamento de uma ação reguladora capaz de equilibrar energeticamente o campo. Desta forma estudou-se, por exemplo, o papel estimulante da interrupção da tarefa, o papel da cadência na aprendizagem da tabuada, o efeito da perda de identidade na ladainha litúrgica, etc., e temas vinculados mais diretamente à organização dos estímulos, como são

---

[1]Ver exemplos de experiências em V. F. Richard, *Etude de l'utilisation de l'information dans l'apprentissage,* monographies, CRRS, n.º 7, Paris, 1960.

[2]Ver exemplos em Koffka, *Principles of gestalt psychology,* Harcourt, New York, 1953.

os efeitos de campo, os efeitos de sentido, que se relacionam com as perturbações que ocasionam na aprendizagem certas disposições ou seqüências sugestivas.

Na linha pragmatista da Escola Ativa,[3] tem-se defendido o aspecto social da aprendizagem e favorecido como estímulo a situação vital, social e global em que o individuo está imerso. Tal situação se transforma no "problema"; e a aprendizagem consiste na estratégia pela qual se opta para sua resolução. Nesta ordem existem numerosos trabalhos sobre aqueles aspectos da situação que se comportam como índices para a antecipação de uma ação efetiva, sobretudo no terreno dos comportamentos instrumentais.

As condições externas da aprendizagem são desprezadas freqüentemente pelo psicopedagogo, em especial se ele teve uma formação eminentemente psicanalítica. Freud não foi culpado disso; recordemos simplesmente a importância concedida ao enquadre em seu tratamento. É comum a criança com problemas de aprendizagem apresentar um déficit real do meio devido à confusão dos estímulos, à falta de ritmo ou à velocidade com que são brindados ou à pobreza ou à carência dos mesmos e, em seu tratamento, vê-se rapidamente favorecida mediante um material discriminado com clareza, fácil de manipular, diretamente associado à instrução de trabalho e de acordo com um ritmo apropriado para cada aquisição.

As condições internas da aprendizagem fazem referência a três planos estreitamente inter-relacionados. O primeiro plano é o corpo como infra-estrutura neurofisiológica ou organismo, cuja integridade anátomo-funcional garante a conservação dos esquemas e de suas coordenações, assim como também a dinâmica da sua disponibilidade na situação presente; mas também consideramos aqui o corpo como mediador da ação e como base do eu (*yo*) formal. É em função do corpo, que, se é harmônico ou rígido, compulsivo ou abúlico, ágil ou lerdo, bonito ou feio, e, com esse corpo, fala-se, escreve-se, tece-se, dança-se, resumindo, é com o corpo que se aprende. As condições do mesmo, sejam constitucionais, herdadas ou adquiridas, favorecem ou atrasam os processos cognitivos e, em especial, os de aprendizagem.

Os estudos nesta área pertencem principalmente ao terreno dos processos neuropatológicos vinculados à linguagem, tais como as afasias; as desordens na cognição apresentadas pelos epilépticos, os transtornos da lateralidade característicos dos disléxicos; na área da educação física, existem alguns trabalhos que vinculam a disponibilidade física e a aprendizagem de esportes. Apenas no âmbito dos adolescentes têm-se realizado investigações sobre a auto-estima corporal (auto-imagem) e a aprendizagem, embora apareça com freqüência, na casuística, ligado a perturbações na aprendizagem, o problema do "patinho feio".

O segundo plano refere-se à condição cognitiva da aprendizagem, isto é, à presença de estruturas capazes de organizar os estímulos do conhecimento. Desta forma, cada um dos temas de ensino supõe uma coordenação de esquemas

---

[3]Ver exemplos em Luis F. Iglesias, *La escuela rural unitaria*, Lautaro, 1963.

em um âmbito particular, prático, representativo, conceitual e concordante com um nível de equilibração particular, obtido através de regulações, descentrações intuitivas ou operações lógicas, práticas ou formais. A conservação da quantidade e a reversibilidade na composição da ordem, por exemplo, serão condição cognitiva da aprendizagem da adição, o que pode verificar se a criança, dado um número, é capaz de indicar o que lhe segue na série.

A abundante bibliografia que relaciona a temática da aprendizagem com as estruturas de pensamento correspondentes, refere-se principalmente ao ensino das matemáticas, das formas sintáticas, da geometria, e da compreensão das leis físico-químicas e mecânicas. Pouco têm sido estudados os problemas referentes à compreensão dos grandes tempos e das grandes distâncias, necessária para situar-se geográfica e historicamente. A falta de dados experimentais dificulta a programação adequada, gradual e racional dos momentos necessários para uma aprendizagem autônoma dos diferentes aspectos.[4]

Outro tipo de condições, especialmente ligadas a tipos de aprendizagem mais específicos, são as que estudam a psicologia vocacional e que se relacionam com as aptidões. Sem dúvida, alguns sujeitos apresentam predisposições especiais para a aprendizagem em uma área particular do conhecimento ou da arte, naquilo que se limita à modalidade e não à estrutura da tarefa nessa área. A facilidade para o desenho, o "ouvido" para a música, a predisposição para montar e desmontar mecanismos, a capacidade retórica e o prazer que provém do exercício dessas habilidades demonstram que em certos sujeitos dão-se simultaneamente excelências de coordenação vinculadas em um espaço único.[5] O terceiro plano das condições internas da aprendizagem está ligado à dinâmica do comportamento. De acordo com esta perspectiva geral, a aprendizagem é um processo dinâmico que determina uma mudança, com a particularidade de que o processo supõe um processamento da realidade e de que a mudança no sujeito é um aumento qualitativo em sua possibilidade de atuar sobre ela. Sob o ponto de vista dinâmico a aprendizagem é o efeito do comportamento, o que se conserva como disposição mais econômica e equilibrada para responder a uma situação definida.

De acordo com isto, a aprendizagem será tanto mais rápida quanto maior for a necessidade do sujeito, pois a urgência da compensação dará mais relevância ao recurso encontrado para superá-la. Mas, salvo quando se trata de aprendizagens práticas e instrumentais, é difícil que se dê na aprendizagem humana uma necessidade primária reconhecida interoceptivamente. Freqüentemente apela-se para as motivações, sejam primárias ou secundárias. No primeiro caso, as motivações são ligadas à satisfação proveniente do próprio exercício ou do prazer proporcionado pela equilibração em si. No segundo caso, as gratificações provém do aplauso social, da evitação de um castigo ou do afeto do professor.

---

[4]Cf. bibliografia em H. Aebli, *Una didáctica fundada en la psicología de J. Piaget*, Kapelusz, Buenos Aires, 1958.

[5]Consultar bibliografia em R. Bohosiavsky, *Orientación vocacional:* La estrategia clínica, Galerna, Buenos Alres, 1971.

24 Sara Paín

Este é o campo no qual mais tem se trabalhado experimentalmente,[6] com resultados que às vezes pecam pela obviedade de suas conclusões e, outras vezes, pelo fato de suas múltiplas interpretações possíveis serem discutíveis. As variáveis que têm sido correlacionadas com a variação da aprendizagem são as expectativas, o interesse, o prêmio e o castigo, as necessidades adquiridas, a maior ou menor clareza na representação da finalidade, o prazer lúdico, etc.

Entretanto, ainda no plano interno, podemos situar-nos em uma perspectiva de estrutura na qual a aprendizagem não é explicada por meio da agudização dos métodos de observação dos comportamentos que a supõem, e sim pela construção de um esquema suficiente e sistemático que inclua a aprendizagem como variável. Dentro da teoria psicanalítica, a possibilidade de que aconteça a aprendizagem está dada em dois níveis, aquele que está descrito em "uma psicologia para neurólogos"[7] e aquele derivado da posição tópica do pré-consciente.[8] No primeiro, Freud distingue entre processos primários e processos secundários, e considera estes últimos como versões atenuadas baseadas na correta utilização dos sinais da realidade através de um "ego" *("yo")* capaz de inibir e, portanto, de moderar a catexia do objeto desejado, assumido como representado e não como real. Isto possibilita não apenas o pensamento de objetos perigosos sem o medo concomitante, mas também permite o reconhecimento nos casos em que a percepção coincide parcial ou totalmente com a catexia. Entretanto, nem toda sanção do pensamento provém de sua possibilidade de neutralizar ou de descarregar o sistema. Portanto, Freud considera que os erros lógicos são capazes de provocar uma sensação de desprazer e, por conseguinte, haveria satisfação na organização de um raciocínio bem equilibrado, incluindo o nível estético.

Em O *ego e o id* fica esclarecida a diferença entre a dicotomia consciente-inconsciente e a diferenciação do aparelho psíquico em id, *(ello)* ego *(yo)* e superego *(superyo)* ou ideal do ego *(yo)*. Reconhece-se que o inconsciente não coincide com o recalcado, pois convém postular uma parte do ego igualmente inconsciente, não-reprimida e, no entanto, tampouco latente, no sentido em que o pré-consciente é latente. De modo que a representação pré-consciente é propriamente um pensamento que se investe na linguagem, enquanto que a experiência alojada no ego inconsciente é irreconhecível para a consciência. Isto nos demonstra que se considerarmos aprendizagem a disponibilidade ou a latência que se produz na pré-consciência, não se ensina só para verificar a incorporação da experiência, mas, pelo contrário, de dentro para fora, resgatando do inconsciente (do ego) *(yo)* o que pode se tornar pré-consciente e, como tal, utilizável para o pensamento. Mas certamente o aspecto do tópico que mais interessa ao educador é a formação do superego. Da diferenciação de uma instância gerada na identificação com a autoridade, a partir do ego, participam dois aspectos biológicos: a especial característica de ser indefeso

---

[6]Cf. bibliografia em J. Nuttin et al., *La motivación*, Proteo, Buenos Aires, 1970.

[7]S. Freud, "Proyecto de una psicología para neurólogos", em *Obras completas*, Vol. I, Biblioteca Nueva, Madrid, 1968.

[8]S. Freud, "El yo y el ello", em *Obras completas*, tomo II, Biblioteca Nueva, Madrid, 1968.

e dependente, própria do filhote humano durante sua primeira infância, e o intervalo que se produz no desenvolvimento sexual durante o período de latência. Por meio do ideal do ego *(yo)*, representante da relação do sujeito com seus progenitores, a criança os conserva interiormente, fato que a protege tanto do temor de perdê-los como de cumprir o destino de Édipo.

Para resumir, lembremos que existem dois tipos de condições para a aprendizagem: as externas, que definem o campo do estímulo, e as internas que definem o sujeito. Umas e outras podem ser estudadas em seu aspecto dinâmico, como processos, e em seu aspecto estrutural como sistemas. A combinatória de tais condições nos leva a uma definição operacional[9] da aprendizagem, pois determina as variáveis de sua ocorrência.

---

[9]Esclarecimento em Cohen e Nagel, *Logica y metodo científico*, Vol. II, Amorrortu, Buenos Aires, 1971.

O PROBLEMA DA
APRENDIZAGEM: FATORES

4

Uma vez situado o tema da aprendizagem, tentaremos definir o âmbito de sua perturbação, isto é, a patologia da aprendizagem. Podemos entender tal patologia em um sentido amplo e em um sentido estrito. Este último refere-se ao problema clínico tal como se apresenta no consultório e na escola; supõe um desvio mais ou menos acentuado do quadro normal, mas aceitável, e que responde às expectativas relativas a um sujeito que aprende. Alguns aspectos do desvio podem assinalar-se na articulação mórbida precisa que a determina, mas outros são de caráter normativo e ideológico, e, na maioria dos casos, ambos os fatores contribuem, como é evidente no caso dos "erros de ortografia".

No sentido mais geral, ampliamos a reflexão sobre a aprendizagem para um terreno muito pouco transitado, mas de inegável fecundidade potencial. A antropologia, a lingüística e a psicanálise aplicada têm deixado de lado o tema do tabu do conhecimento, evidenciado na Árvore da Sabedoria, cujas tentadoras maçãs arrebataram ao homem, simultaneamente, a inocência e o paraíso; quando se faz menção ao ato heróico do semideus Prometeu, cuja dádiva transformou, em *homo-faber*, o selvagem nômade, não se salienta nem pontua este aspecto simbólico do mito, que não se contradiz com a interpretação delineada em *Sobre a conquista do fogo* (1932).[1] Poucos são os trabalhos dedicados a determinar como o adulto, dotado das mais complicadas estruturas formalizantes, limita sua atividade cognitiva a níveis às vezes de regulação intuitiva e, só diante da estimulação especial da prova, sai de uma espécie de letargo mental que o reduz à dependência intelectual. É claro que uma análise socioeconômica das superestruturas educativas nos permite compreender por que o sujeito acaba sendo alienado da ignorância, mas necessitamos ver que estrutura possibilita a disfunção da inteligência, e como isto acontece.

Se bem, enquanto não se solucionar o problema teórico amplo das perturbações da aprendizagem, não será possível avaliar completamente sua aparição clínica. É evidente que o campo da patologia é o mais apto para construir aquela teoria, na medida em que nos apresenta a realidade em seu limite. O conhecimento virá da mútua interrogação de ambos os níveis.

Podemos considerar o problema de aprendizagem como um sintoma,[2] no sentido de que o não-aprender não configura um quadro permanente, mas in-

---

[1] S. Freud, em *Obras completas,* Vol. III. Biblioteca Nueva, Madrid, 1968.

[2] Definições em J. Paz, *Psicopatología dinámica.* Galerna, Buenos Aires, 1971.

gressa em uma constelação peculiar de comportamentos, nos quais se destaca como sinal de descompensação.

Da manipulação casuística da sintomatologia inerente ao déficit de aprendizagem, concluímos que nenhum fator é determinante de seu surgimento, e que ele surge da fratura contemporânea de uma série de concomitantes.

A hipótese fundamental para avaliar o sintoma que nos ocupa é não considerá-lo como significante de um significado monolítico e substancial, mas, pelo contrário, entendê-lo como um estado particular de um sistema que, para equilibrar-se, precisou adotar este tipo de comportamento, que mereceria um nome positivo, mas que caracterizamos como não-aprendizagem. Desta forma, a não-aprendizagem não é o contrário de aprender, já que, como sintoma, está cumprindo uma função positiva tão integrativa como a desta última, mas com outra disposição dos fatores que intervém. Por exemplo, a maioria das crianças conserva o carinho dos pais gratificando-os através de sua aprendizagem, mas há casos nos quais a única maneira de contar com tal carinho é precisamente não aprender. O diagnóstico do sintoma está constituído pelo significado, ou, o que é a mesma coisa, pela funcionalidade da carência funcional dentro da estrutura total da situação pessoal.

Este diagnóstico é sempre uma hipótese, e cada momento da relação com o sujeito através, tanto do processo diagnóstico como do tratamento, nos permitirá ajustá-la desde que as transformações obtidas a partir dessa hipótese sejam aplicáveis por ela mesma. Tratando-se de um diagnóstico multifatorial, determinar-se-á assinalando as articulações e as compensações mútuas das quais surge o quadro total. Por exemplo, uma criança com um antecedente de cianose no parto, leve imaturidade perceptivo-motora, certa rigidez nos traços, não cria por isto um problema de aprendizagem, desde que sua personalidade lhe permita assumir suas dificuldades, desde que os métodos tenham se ajustado às deficiências para compensá-las e desde que as exigências do ambiente não tenham colocado ênfase justamente no aspecto danificado (prestigiando a caligrafia, por exemplo). Mas, se somamos ao pequeno problema neurológico uma mãe que não tolera o crescimento do filho e uma escola que não admite a dificuldade, cria-se um problema de coexistências que parcialmente poderiam ter sido compensadas.

Os fatores fundamentais que precisam ser levados em consideração no diagnóstico de um problema de aprendizagem são os seguintes:

FATORES ORGÂNICOS[3]

A origem de toda aprendizagem está nos esquemas de ação desdobrados mediante o corpo. Para a leitura e a integração da experiência, é fundamental a integridade anatômica e de funcionamento dos órgãos diretamente comprometidos com a manipulação do entorno, bem como dos dispositivos que garantem sua coordenação no sistema nervoso central.

---

[3] J. H. Ajuriaguerra, *L'apprentissage de la lecture et ses troubles*, Delaehaux y Niestlé, Paris, 1964. Ver também L. Berger, *Test des gestes*, Masson, Paris, 1963.

Em primeiro lugar, é interessante atender a saúde dos analisadores, pois a hipoacusia e a miopia costumam encontrar-se, às vezes, com o não querer ouvir, ou ver. Isto pode dar lugar a uma revelação muito tardia do defeito, quando este já está muito estruturado na situação de evasão ou de dependência. De fato, a criança com perda sensorial opta por isolar-se ou por solicitar auxiliares que lhe repitam o que se fala ou lhe deixem copiar, etc.

A investigação neurológica é necessária para conhecer a adequação do instrumento às demandas da aprendizagem. O sistema nervoso sadio se caracteriza, no âmbito de comportamento, por seu ritmo, por sua plasticidade, seu equilíbrio. Isto lhe garante harmonia nas mudanças e conseqüência na conservação. Pelo contrário, acontece quando há lesões ou desordens corticais (primárias, genéticas, neonatais ou pós-encefalíticas, traumáticas, etc.), encontramos uma conduta rígida, estereotipada, confusa, viscosa, patente na educação perceptivo-motora (hipercinesias, espasticidade, sincinesias, etc.), ou na compreensão (apraxias, afasias, certas dislexias).

Outro aspecto que interessa especialmente para a aprendizagem é o funcionamento glandular, não apenas pela sua relação com o desenvolvimento geral da criança, do púbere e do adolescente, mas também porque muitos estados de hipomnésia, falta de concentração, sonolência, "lacunas", costumam explicar-se pela presença de deficiências glandulares. Algumas auto-intoxicações por mau funcionamento renal ou hepático apresentam conseqüências parecidas.

É necessário estabelecer se o sujeito se alimenta corretamente, em quantidade e qualidade, pois o déficit alimentar crônico produz uma distrofia generalizada que abrange sensivelmente a capacidade de aprender. Também são fatores importantes as condições de abrigo e de conforto para o sono, para o aproveitamento maior das experiências.

Insistimos que tais perturbações podem ter como conseqüência problemas cognitivos mais ou menos graves, mas que não configuram por si sós, um problema de aprendizagem. Se bem não são causa suficiente, aparecem, no entanto, como causa necessária. Quando o organismo apresenta uma boa equilibração, o sujeito defende o exercício cognitivo e encontra outros caminhos que não afetem seu desenvolvimento intelectual, dadas as conseqüências sociais que ocasiona a carência na aprendizagem, sobretudo na infância.

FATORES ESPECÍFICOS[4]

Existem certos tipos de transtornos na área da adequação perceptivo-motora que, embora possa suspeitar-se de sua origem orgânica, não oferecem qualquer possibilidade de verificação neste aspecto. Tais transtornos aparecem especialmente no nível da aprendizagem da linguagem, sua articulação e sua lecto-escrita, e se manifestam em uma série de perturbações, tais como a alteração da seqüência percebida, a impossibilidade de construir imagens claras de fonemas, sílabas e palavras, a inaptidão gráfica, etc. Encontramos dificuldades especiais de outra ordem, no nível da análise

---

[4]Cf. A. Jaboulle, *Aprendizaje de la lectura y dislexia*, Kapelusz, Buenos Aires, 1966.

30 Sara Paín

e da síntese dos símbolos, na aptidão sintática, na atribuição significativa. Desta forma, certos processos da ordem das afasias podem apresentar-se sem que possam ser relacionados com qualquer dano cerebral localizado que justifique a perturbação.

As desordens específicas na aprendizagem encontram-se ligadas freqüentemente a uma indeterminação na lateralidade do sujeito. Seja ela natural, hereditária ou culturalmente pautada, o fato é que o sujeito destro com relação às extremidades e aos olhos, apresenta uma grafia mais adequada e harmônica que o canhoto, especialmente naqueles casos em que há predominância cruzada; isto quer dizer que os olhos e as mãos não apresentam lateralidade idêntica. Com relação à visão, deve levar-se em consideração o predomínio da olhada ou "passar de olhos", que é o que valoriza e discrimina a direção no tateio ocular. Outras vezes encontramos sujeitos que utilizam melhor uma das mãos no seu próprio plano ou no plano contrário e vice-versa, como ocorre com as crianças que freqüentemente, no meio da linha, passam a caneta para a outra mão.

De qualquer maneira, é importante destacar que a norma se dá sobre a direita e que a criança que utiliza a mão esquerda é obrigada a uma descodificação precoce, a fim de colocar-se no lugar do outro, o que pode resultar em um prolongamento do egocentrismo espacial.

A noção de "dislexia" como entidade específica merece uma consideração especial dentro dos problemas de aprendizagem. Na realidade, neste caso pode considerar-se um só tipo de dislexia, que rara vez ocorre, pois se trata de um problema localizado dentro das agnosias, que não impede à criança ou ao adulto afetado por um processo traumático reconhecer os fonemas através de sua grafia. A reeducação, em tais casos, é muito penosa, e deve desenvolver-se por vias de compensações, por meio dos canais que permanecem sadios. Em todos os outros casos, a dislexia é utilizada apenas como um nome mais elegante para traduzir simplesmente a dificuldade para aprender a ler e/ou escrever. Tal dificuldade sempre pode ser diagnosticada multifatorialmente, e sua especificidade reside na dificuldade na acomodação, que determina uma insuficiência para a construção de imagens. Nestes casos, o tratamento psicopedagógico alcança um rápido êxito quando o diagnóstico é correto e a estimulação, apropriada.

FATORES PSICÓGENOS

Em *Inibição, sintoma e angústia* (1925),[5] Freud assinala que o termo inibição pode atribuir-se à diminuição da função, enquanto que o sintoma seria mais a transformação de tal função. Tal distinção, que sob o ponto de vista do observador não parece fundamental, é radical do ponto de vista tópico, pois, mesmo que os sintomas não sejam processos que se passam no ego (*yo*), a inibição poderia considerar-se como uma restrição exclusivamente a nível egóico (*yoico*).

---

[5]S. Freud, em *Obras completas,* Vol. II, Biblioteca Nueva Madrid, 1968.

Convém então diferenciar duas possibilidades para o fato de não aprender: na primeira, este constitui um sintoma e, portanto, supõe a prévia repressão de um acontecimento que a operação de aprender de alguma maneira significa; na segunda, trata-se de uma retração intelectual do ego (yo). Tal retração acontece, segundo Freud, em três oportunidades: a primeira, quando há sexualização dos órgãos comprometidos na ação, por exemplo, a inabilidade manual associada à masturbação; a segunda, quando há evitação do êxito, ou compulsão ao fracasso diante do êxito, como castigo à ambição de ser; e a terceira, quando o ego (yo) está absorvido em outra tarefa psíquica que compromete toda a energia disponível, como pode ser o caso da elaboração de um luto.

A inibição do processo sintetizador do ego (yo) aparece também como uma particularidade do fenômeno neurótico.[6] Neste caso, o sujeito apresenta duas reações opostas: uma responde ao impulso de repetição da situação traumática e, a outra, à necessidade de evitação do lugar indicado pela cicatriz, como perigoso, evitação esta que pode apresentar-se como inibição ou exacerbar-se como fobia. Este rodeio que impõe o sinal de angústia realiza-se de acordo com as diferentes modalidades de defesa, algumas das quais interessam diretamente ao problema de aprendizagem: em primeiro lugar, a negação, ligada diretamente à leitura da experiência, seja por uma escamoteação de uma parte da realidade, seja pela conceptualização excessiva, sem atender às propriedades particulares; também a denegação, na qual se admite a realidade percebida, mas ela é desqualificada em função de um julgamento; da mesma forma, a identificação projetiva que, em termos piagetianos, podemos definir como o egocentrismo que impõe aos objetos a legalidade própria do sujeito.

Entretanto, se nos atermos *Sobre os tipos de aquisição da neurose (1912)*,[7] vemos que o problema de aprendizagem pode surgir como uma reação neurótica à interdição da satisfação, seja pelo afastamento da realidade e pela excessiva satisfação na fantasia, seja pela fixação com a parada de crescimento na criança.

Em *A Inteligência contra si mesma*, I. Luzuriaga[8] analisa uma hora de jogo na qual o paciente escreve com erros de ortografia, erros que, para a autora, constituem sintomas do quadro de dificuldades de aprendizagem que a menina trouxe ao tratamento. O exame é levado a efeito sobre os erros individualizados, encontrando para cada um deles uma interpretação adequada na perspectiva kleiniana. De 10 palavras 5 apresentam erros, certamente sistemáticos, como a queda de ditongos, confusão de vogais, confusão diante de segmentos com significação própria de uma palavra como *nosotros* (nós-outros),* etc. Em tais condições, não podemos falar de lapsos na

---

[6]S. Freud, "Moisés y la religión monoteísta", em *Obras completas,* Vol. III, Biblioteca Nueva Madrid, 1968.

[7]Em S. Freud, *Obras completas,* Vol. I, Biblioteca Nueva, Madrid, 1968.

[8]I. Luzuriaga, *La inteligencia contra si misma,* Psiqué, Siglo XXI, Buenos Aires, 1972.

*Nosotros: em português, significa *nós* (pronome pessoal da primeira pessoa do plural). A tradução perde a característica que a autora ressalta no original espanhol, que é ser uma palavra com segmentos com significação própria: Nos-otros.

32 Sara Paín

escrita, já que toda a escrita se apresenta como um lapso total. De fato, o lapso se define por uma ruptura no contexto e é preciso coerência para que ele se destaque como tal. Se o discurso está repleto de erros, estes ocultam a possibilidade significante individual, mas, por outro lado, destacam a significação da disfunção em si.

Os problemas de aprendizagem não podem ser considerados como "erros" no sentido de Freud, porque são perturbações produzidas durante a aquisição, e não nos mecanismos de conservação e de disponibilidade, embora estes aspectos mereçam consideração. Por exemplo, a disortografia é, principalmente, coordenação fonomotriz, isto é, esforço de acomodação capaz de internalizar como imagem os gestos que compõem a grafia de cada palavra. A fim de interpretá-la signo por signo, deveríamos supor que, para o paciente, o discurso escrito é como o desdobramento de um sonho, hipótese muito provável. Por outro lado, se observarmos o significado que a tarefa de escrever em si chegou a adquirir para o sujeito particular, com relação à operação específica que podemos atribuir a tal ou qual grafia, tiraremos conclusões diferentes segundo se trate de omissões, de permutações, ou de ligações impróprias de letras e palavras, ou mesmo de substituições e de confusão entre fonemas, ou simplesmente a *falta** (erro) de ortografia (note-se a presença do sem a "falta") no sentido lato, quando a pronúncia não é índice de grafia unívoca.

O fator psicógeno do problema de aprendizagem se confunde então com sua significação. Entretanto é importante destacar que não é possível assumi-lo sem levar em consideração as disposições orgânicas e ambientais do sujeito. Desta forma, o não-aprender se constitui como inibição ou como sintoma sempre que se dêem outras condições que facilitem este caminho. No caso das dificuldades na ortografia, por exemplo, aparece no sujeito uma impossibilidade de aplicar regras ortográficas ou de assumir o arbitrário na necessidade de escolher entre um dos valores equivalentes (s/z/x, h/O; x/ch)** com relação ao som; isto ocorre em crianças com problemas de adequação perceptivo-motriz. Entretanto, geralmente estas crianças cometem mais erros do que os esperados aleatoriamente, o que indica uma repetição compulsiva do erro, confirmada quase sempre na articulação que torna significativa a perversão inconsciente da ordem.

Resumindo, consideremos que, com exceção das rupturas muito precisas, a significação do problema de aprendizagem não deve ser procurada no conteúdo do material sobre o qual se opera, mas, preferentemente, sobre a operação como tal.

Isto nos coloca diante de um problema: é possível reprimir uma operação em si mesma e, nesta perspectiva, assumir a operação como significante? Isto nos permitiria adotar uma nova perspectiva na interpretação do comportamento não-aprender, além de considerá-lo como inibição e como defesa.

---

*Falta: falta de ortografia, expressão utilizada neste contexto para designar erros especificamente nos ditados escolares. A palavra falta mantém no espanhol, como no português, os significados de ausência, carência, pecado, ação contra a moral, infração.
**(s/z/x; h/O; x/ch): Exemplos: s-z-x: casa, azar, exame; h-o: homem, ombro; x/ch: eixo, acho. Os valores utilizados como exemplo pela autora foram outros, que não se prestavam no caso de nossa língua; desta forma, foram substituídos pelos acima apresentados.

FATORES AMBIENTAIS

Embora o fator ambiental incida mais sobre os problemas escolares do que sobre os problemas de aprendizagem propriamente ditos, esta variável pesa muito sobre a possibilidade do sujeito compensar ou descompensar o quadro.

Não consideramos "condição ambiental" aquela criada por meio da comunicação, ou melhor, a rede de interrelações familiares, pois estimamos que este fator esteja incluído na aventura pessoal do paciente e inscrito em sua estrutura.

Aqui nos referimos, por um lado, ao meio ambiente material do sujeito, às possibilidades reais que o meio lhe fornece, à quantidade, à qualidade, à freqüência e à abundância dos estímulos que constituem seu campo de aprendizagem habitual. Interessam, neste aspecto, as características de moradia, do bairro, da escola; a disponibilidade de ter acesso aos lugares de lazer e de esportes, bem como aos diversos canais de cultura, isto é, os jornais, o rádio, a televisão, etc.; e, finalmente, a abertura profissional ou vocacional que o meio oferece a cada sujeito.

O fator ambiental é especialmente determinante no diagnóstico do problema de aprendizagem na medida em que nos permite compreender sua coincidência com a ideologia e com os valores vigentes no grupo. Não basta situar o paciente em uma classe social, é necessário, além disso, elucidar qual é seu grau de consciência e participação. O operário que, sabendo-se explorado, luta por uma reivindicação, não configura o mesmo caso que o operário que atingiu o poder por meio de uma mudança estrutural, ou aquele que sonha em ganhar na loteria para viver como um burguês, a quem tenta imitar, ou mesmo aquele outro que se valoriza exatamente em função de seu papel de servir. O problema de aprendizagem que se apresenta em cada caso, terá um significado diferente, porque é diferente a norma contra a qual atenta e a expectativa que desqualifica.

DIAGNÓSTICO DO PROBLEMA DE APRENDIZAGEM

5

Após ter definido o problema de aprendizagem em sua perspectiva multifatorial, vamos considerar os momentos do processo diagnóstico que procuram obter todos os dados necessários para compreender o significado, a causação e a modalidade da perturbação que em cada caso motiva a demanda assistencial.

Descrevemos o diagnóstico no âmbito da clínica infanto-juvenil, porque nossa experiência tem se desenvolvido fundamentalmente neste nível e a freqüência do problema sem dúvida é maior na idade de crescimento; entretanto, é necessário destacar que o déficit de aprendizagem se dá em muitos jovens e adultos limitados em seu desenvolvimento por problemas similares aos expostos, e que podem compreender-se por meio dos mesmos critérios.

Consideraremos, em primeiro lugar, as técnicas de investigação empregadas e as normas de análise e de interpretação para cada item, entendendo que os procedimentos interessam especificamente ao diagnóstico do sintoma, o qual constitui o eixo da análise.

MOTIVO DA CONSULTA[1]

Tomaremos, em primeiro lugar, o caso mais geral, no qual a demanda de atendimento psicológico está motivada por um problema de aprendizagem infantil ou adolescente; neste caso vinculamos-nos com o paciente, entendido como situação familiar que solicita ajuda.

Ainda antes da entrevista propriamente dita, consideraremos a via pela qual o paciente chegou até nós, enquanto indivíduo ou instituição; pode ter sido encaminhado pela professora, pelo médico, por outra pessoa com um problema parecido com o seu, por outro psicólogo, ou, então, movido por algum tipo de publicidade. Isto nos será útil para esclarecer de primeira mão, o tipo de vínculo que o paciente pretende estabelecer ao colocar o problema como próprio ou como imposto de fora; não é a mesma coisa dizer "eu vim consultá-lo porque meu filho tem um problema escolar" do que dizer "vim porque a professora mandou" ou "venho a partir do dr. fulano", revelando, assim, o grau de independência com que o paciente assume seu problema.

---

[1]Cf. Maud Mannoni, *El niño retrasado y su madre*, FAX, Madrid, 1971.

36 Sara Paín

Outro aspecto que define o vínculo é a ansiedade demonstrada pelo solicitante com relação às condições de horários e de honorários, a pretensão de expor seu problema por telefone, as diversas queixas e objeções, que dão o tipo de resistência e de urgência que a demanda carrega.

Também é importante saber, antes da primeira entrevista, qual é o objetivo explícito da demanda: se se trata apenas de uma consulta, nossa missão será estabelecer o diagnóstico do déficit na aprendizagem e informar sobre os fatores positivos e negativos que, em cada caso, podem facilitar ou deteriorar os processos cognitivos.

Se, entretanto, o paciente espera de nós o tratamento integral do problema, nossa preocupação se centrará na criação das condições psicológicas ótimas para que o paciente assuma o tratamento, participe e coopere na solução do problema: e fazemos questão de dizer "co-opere" ou opere junto com o psicólogo a partir do diagnóstico, que é onde começa o processo de reconhecimento de si mesmo.

Com estes elementos, o psicólogo chama o pai e a mãe do paciente para uma primeira entrevista, a qual tem início com a instrução de que expressem "quais são os motivos pelos quais consultam". Insistir na presença do casal colocará em relevo o fato fundamental de que todo o núcleo familiar está comprometido na situação da criança, fato que não deixará de destacar-se, especialmente quando um dos pais não comparece. Durante a entrevista "de motivo" o psicólogo participa – o menos possível – para animar o diálogo, favorecer a expressão e criar um clima afetuoso e compreensivo; sua missão é que o casal saia confortado, menos ansioso do que entrou e com uma imagem suficientemente clara da próxima tarefa.

Os dados a serem extraídos da entrevista na qual os pais expressam o motivo de consulta – que nem sempre coincide com sua principal preocupação – são os seguintes:

a) Significado do sintoma na família: comumente se evidencia que o problema da criança é emergente do problema do grupo primário ao qual pertence. O termo "emergente", originário da Teoria da Forma, traz consigo a conotação mecanicista e topológica daquela. Não podemos conceber a criança como uma parte de um todo, que tem sentido por esse todo que seria a família; trata-se de um sistema incluído em outro sistema de acordo com certas articulações que conformam uma legalidade muito diferente daquela que rege os campos morfológicos. Na relação parte-todo, falar de emergente é referir-se a uma parte que, destacada por leis internas de configuração, converteu-se em sinal; por isto, alguns autores consideram o paciente como emergente (sadio) de uma situação mórbida. Entretanto, se, em vez de falarmos em relação, falamos de articulação instância-estrutura, colocamos a ênfase na emergência sintomática que, em sua peculiar maneira de ligar ou de comprometer mutuamente os atores, encontra sua função no drama. Se o emergente é sinal, o sintoma é significado. A versão da problemática, que obtemos por intermédio dos pais, pode nos dar algumas chaves para nos aproximarmos do significado que o não-aprender tem na família. É importante prestar a atenção para alguns significantes da linguagem que os pais utilizam, isto é, os rodeios que expressam, especialmente de maneira figurada, um conteúdo latente. Muitas mães dizem, por exemplo, "meu filho não me aprende nada", o que ao mesmo tempo denuncia um "filho que não aprende para mim" (não repara em mim), "meu filho me ignora" (como mãe, como mulher), e "minha filha não se parece comigo", "não está se tornando mulher como eu", frases que são, todas, queixa e súplica, simultaneamente.

Outras expressões comuns na descrição dos problemas de aprendizagem se relacionam com o fato de receber (alimentar-se, assimilar, deixar-se penetrar) no coloquial "não entra nada na cabeça dessa criança"; com o fato de conservar (reter, memorizar, engordar) na gíria, "não fica nada na cabeça dessa criança" que transparece um sentimento de contínua perda; com o fato de devolver (expelir, dar, criar) na gíria, "não sai nada dessa cachola" ou "não dá"; com o fato de funcionar como, em gíria, "não anda", "não vai pra frente", que indicam certa detenção ou paralisia das possibilidades de conhecer. Sem dúvida, cada uma dessas expressões adquire significado na seqüência do contexto: não é a mesma coisa continuar a frase "meu filho não me aprende" com " ... mas ele é esperto que só vendo" do que acrescentar "... o problema são os temas"; no primeiro caso, a mãe discrimina entre a sua relação com a criança e a criança como sujeito independente; no segundo caso, a criança é um objeto de dever para uma mãe que não cumpre o seu.

Se considerarmos a aprendizagem como uma função que, especialmente na infância e na adolescência, garante a conservação e a expansão das estruturas do sujeito, bem como sua adaptação à transformação contínua que lhe impõe o crescimento, consideraremos o não-aprender como uma disfunção ou uma inibição. Entretanto, o crescimento da criança, sua passagem à adultez, transforma continuamente sua posição com relação ao pai e à mãe, produzindo desequilíbrios que algumas vezes são compensados adequadamente e que outras vezes não o são. As perturbações na aprendizagem, normais ou patológicas, tendem a evitar aquelas mobilizações que o grupo não pode suportar, em função do seu particular contrato de sobrevivência. Por meio da primeira entrevista, temos oportunidade de nos aproximarmos das cláusulas desse contrato que nos dará a real significação da perda de uma função por parte da criança.

Em alguns casos, o tabu do conhecimento está incorporado em forma de "segredo". O fato de a menina ter sido adotada, ou de ter nascido fora do vínculo matrimonial, ou de ter sido concebida depois de um aborto provocado ou apesar dele, é narrado pelos pais de maneira intimamente vinculada com o motivo da consulta. O roubo, a fraude, o crime são aquilo que a revelação de tais "segredos", forneceria ao filho, que, então, com tal poder, poderá chantagear seus pais. Assim se expressa uma mãe de uma menina adotada: "Se eu contasse a ela, ela já não me obedeceria, e pensaria que talvez a sua mãe verdadeira não a obrigasse a obedecer, e eu não poderia me defender".

Em outros casos a falta de conhecimento investe o objeto de amor. O pai mostra-se indulgente com uma mulher burra que confunde feminilidade com ignorância. A menina se identifica com tal modelo para conseguir o mesmo favor, que lhe é concedido durante a entrevista junto com a seguinte afirmação: "Afinal, é uma menina, se não dá para os estudos, fica do lado da mãe; se fosse por ela... é mais feliz na cozinha do que nos cadernos". O outro caso no qual a identificação é denunciada por si mesma: "... E ... ele ... você sabe ... não termina ... isto ... deixa as coisas ... de modo que ..."; no meu informe a professora apresenta a mesma criança expressando que "suas redações são incompreensíveis, porque deixa todas as idéias truncadas; parece como se tivesse lacunas em seus pensamentos". O pai, único e grande fracassado de uma família de triunfadores, que, no entanto, o protege, estabelece com a criança uma relação de cumplicidade, até o extremo de patrocinar as "matações de aula" da criança. As reticências que caracterizam todo o comportamento do pai e da criança são compensadas com uma atuação sedutora que transforma o pensamento em supérfluo (além disso, ambos apresentam uma epilepsia subclínica).

Tem-se apontado a superproteção como causa de déficit na aprendizagem. Na realidade, não é a superproteção como atitude o que inibe a aprendizagem. A criança se defende contra ela e reivindica seu direito à independência. Mas quando se trata de uma superproteção sem afeto, dirigida a um objeto cujo valor se esgota em ser possuído, pode ocorrer que a perspectiva de perder toda a proteção e ficar sem nada (especialmente se o outro progenitor é indiferente) iniba a criança na sua conquista do mundo. Um pai descrevia assim a situação: "é que está muito mimada, deixa que façam tudo com ela", para salientar o fato de que a menina deixava que a vestissem e que fizessem seus deveres, "não dá nada de si". Claro que, quando colocava "algo de si", era desqualificada impunemente.

O mesmo ocorre nos casos que temos chamado "de tudo ou nada", isto é, que a aquisição de um comportamento mais independente por parte da criança tem como conseqüência que os pais deixem de prestar-lhe assistência neste sentido. Isto não ocorre apenas quanto ao conhecimento; podemos imaginar com facilidade uma cena na qual a criança se nega a comer purê, e a mãe reage dizendo que nunca mais lhe fará purê, como se o fato de uma vez não ter esse apetite a inibisse definitivamente de senti-lo no futuro. Tal irracionalidade leva a criança a aceitar tudo e não aprender nada, pois o absolutismo parental transforma o transitório em definitivo, aparecendo, ainda, como retaliativo. Desta forma, o êxito se transforma em fracasso. A verbalização de tal atitude é bastante familiar; os "nunca", os "jamais", os "sempre", os cortantes e orgulhosos "por que logo nós", abundam no discurso que a acompanha.

A pergunta que deve ser respondida pelo exame cuidadoso da entrevista é em que articulação se torna compreensível, inteligível, o problema de aprendizagem. A resposta servirá de hipótese provisória a ser confirmada ou a ser descartada junto com os demais momentos do diagnóstico, os que acrescentarão a este, outros fatores de descompensação que tenham contribuído para fazer do problema de aprendizagem uma solução viável.

b) Significado do sintoma para a família: à medida que fica estabelecido que a particularidade dos vínculos torna possível entender uma perturbação na adaptação e, uma vez que o sintoma se torna evidente, a família deve assumi-lo, isto é, tomar consciência do déficit e das implicações que ele acarreta. A reação familiar diante do fracasso escolar, ou do não-cumprimento das regras gerais do crescimento, depende dos valores que dominam a classe e o grupo social aos quais pertence a família. O fracasso escolar não é tão grave em um núcleo com escassa expectativa de promoção social, como naquelas classes que conquistaram o poder por meio da profissionalização. Neste caso, produz-se a frustração das possibilidades vitais, e o grupo devolve à família uma imagem muito desvalorizada de si mesma. Na família operária, a dificuldade da criança é vista como um "estar em falta", não cumprir com o dever, não estar à altura de uma instituição prestigiosa e alheia, o que expressam dizendo que "a criança não serve para a escola" (quando, na realidade, faz-se necessário esclarecer que é a escola que não serve para a criança).

Se considerarmos que o sinal de fracasso vai ser determinado pelas expectativas da família em função de sua ideologia, veremos-nos obrigados a interpretar também de maneira diferente os comportamentos provocados pelo fracasso. Podemos dizer que uma mãe burguesa, identificada com seu filho, desloca os problemas dele sobre a professora, quando diz: "a professora não sabe nada, é uma grossa, está louca", mas não podemos dizer o mesmo de uma mãe operária que talvez perceba e fique revoltada diante do abismo que se abre entre o que a professora exige e o que seu filho pode e precisa saber. A submissão e a identificação da mãe com a professora, duplicando a exigência para com a criança, representa, neste caso, a participação de um poder exercido sobre ele.

Desta forma, os pais podem atribuir o problema às instituições, podem atribuir à criança propriamente dita o maior peso nas dificuldades, como, por exemplo, quando dizem que "é distraído, a cabeça não ajuda" ou "vê-se que não quer nada com nada, não tem força de vontade", ou então se responsabilizam pelo que ocorre afirmando que "talvez eu seja um pouco nervosa", "não tenho paciência". Muitas vezes essas atribuições coexistem de maneira que um argumento desqualifica o precedente pelo temor, a agressão e a culpa que desencadeia. No caso de uma criança trazida para consulta por má aquisição da linguagem, a mãe disse "meu filho está verdadeiramente apaixonado pela professora" e acrescentou sem pausa: "me parece que o ciúme o corroe ... porque o pequeninho fica em casa"; certamente ela se referia a seus próprios ciúmes, pois, sem dizê-lo, proclamava que a criança estaria melhor em casa, já que na escola não melhorava sua linguagem.

É formidável a relação que se estabelece entre a articulação do sintoma e a reação que ele provoca. Quando o fator psicógeno é predominante, os pais evidenciam certa ansiedade por demonstrar a "realidade" do problema. Muitos forçam a criança a repetir uma série, pois "mesmo tendo condições de passar, conforme a professora, eu não queria que tivesse pouca base", outros provocam um fracasso enviando as crianças à escola antes da idade correspondente e sem um exame de maturidade.

Outros deixam displiscentemente que nossa sabedoria descubra o déficit: "você já verá, como profissional, o que eu apenas posso lhe dizer como mãe". Por outro lado, no caso de quadros com componentes orgânicos consideráveis e déficit intelectual, os pais costumam dissimular de todas as maneiras aquilo que suspeitam, e buscam argumentos conciliadores como "fica nervosa nas provas", "o mimamos um pouquinho, é isto", "é tão boazinha", etc.

O significado do sintoma para a família será, então, a imagem que os pais têm das causas e dos motivos que geram o problema e os mecanismos colocados a serviço da defesa contra a desvalorização social que acarreta.

c) Outro aspecto importante a indagar no "motivo da consulta" são as expectativas que os pais têm quanto à intervenção do psicólogo. Devemos crer que, ao pedir ajuda, produziu-se um desequilíbrio que não permite ao paciente seguir agindo como antes. A intervenção do professor ao apontar e demonstrar a incompetência da criança coloca a situação a descoberto. Alguns casais parecem esperar este momento como algo desejado e temido, e, às vezes, são os pais os que se dirigem à professora para confirmar uma suspeita que, no entanto, não se atrevem a desvendar por si sós, requerendo um fracasso prévio da criança para entrar em ação.

Ao explicitar o que esperam do diagnóstico, dizem querer "saber se não pode ou não quer", "saber até que ponto pode render", "se por causa dele ou por causa de nós", "como pode sair adiante", "se devem trocá-lo de escola", "se tem cura", etc. Em resumo, tentam determinar se é a criança, os pais ou a escola o responsável pelo déficit; no caso de ser a criança, querem saber se se trata de um processo irreversível ligado ao "não pode", ou reversível ligado ao "não quer"; e, por último, querem saber se há receitas eficientes para superar o problema.

É interessante destacar que a maioria dessas dissociações provém do mesmo problema, porque, na realidade não são tais: o "não quer" ou "não pode" deverá formular-se como "que quer e como pode"; o "até que ponto pode render", como "até que ponto recebe"; o "ele ou nós" como "ele e nós", etc. Estes compromissos são muito ansiogênicos para os pais que não podem suportar o crescimento ou a transformação de seus filhos, que não podem ver neles sujeitos independentes e curiosos que poderão descobrir seus defeitos, que não modificam os dos filhos enquanto eles mesmos não podem superar-se; também é difícil para uma criança perder a legitimidade que lhe é dada pela ignorância, a proteção que lhe proporciona o não saber, e a castidade que lhe garante a inocência.

É claro que, apesar de ter solicitado a consulta e assumido as conseqüências, os pais apresentam obstáculos e resistências à ação do psicólogo. Esconder, seduzir, enganar e desautorizar são as armas mais freqüentes que os consultantes usam precisamente para evitar saber que esconderam, seduziram, enganaram e desautorizaram. Estas atitudes devem ser tomadas pelo profissional como pautas de evidência da maneira peculiar de tramar-se o caso, sem deixar-se motivar pela agressão que contém.

Também interessa saber, especialmente para organizar a devolução dos dados ao paciente, se eles esperam um tratamento e que fantasia fizeram do mesmo, bem como de seus resultados. Com relação ao tratamento, a

Diagnóstico e tratamento dos problemas de aprendizagem **41**

fantasia mais comum é a de um tipo de ensino "com um método especial"; outros esperam que, "brincando, o psicólogo perceba o que está se passando e diga à criança", e alguns insinuam o desejo de que houvesse algum tipo de pílula... A expectativa de cura raras vezes está colocada na modificação do vínculo; em geral é o psicólogo, "a própria idade" ou a "vontade de Deus", o que remediará - ou não - o problema "da criança".

d) A entrevista de "motivo da consulta" nos dá a oportunidade de observar as modalidades comportamentais expressadas pelo casal, que tipo de comunicação adotam diante de um terceiro, os pontos de irritação e de desavença, os níveis de contato e de coincidência, a respectiva adequação ao papel que a sociedade atribui a cada sexo, o grau de discriminação mútua e, por último, o apoio e a proteção que encontram no outro. A comunicação pode se dar como um leque, quando cada pai dialoga em separado com o psicólogo; em triângulo, quando as intervenções se dirigem indistintamente a um ou a outro; algumas vezes se estabelece uma conversa entre os pais, que tem o psicólogo como testemunha. A utilização de pronomes é reveladora nos diferentes casos; muitos pais falam do outro presente como "dele" ou "dela", ou tomam, ainda, maior distância referindo-se ao "pai" ou à "mãe" e também à "minha esposa" ou "meu esposo", acompanhando-se ou não com um vago gesto de inclusão. No verdadeiro diálogo, usa-se mais a primeira pessoa tanto do singular como do plural, acompanhada muitas vezes em seu conteúdo, por alguma ansiedade no sentido de incluir o psicólogo em uma certa cumplicidade acentuada por um "não lhe parece?". Quanto aos casais que procuram uma testemunha, são aqueles que têm os problemas menos ocultos e menos resolvidos, sua carga de agressividade lhes impede que atuem sem um juiz diante das opiniões do qual costumam unir-se. Estas modalidades se repetem freqüentemente na posição que adotam diante dos filhos e nos revela a margem de participação de que o casal pode ser capaz.

Outro aspecto de relevância é a ideologia com a qual cada membro do casal define seu papel e o do outro na vida familiar e social, e a maneira como esses papéis se assumem. Pode aparecer na consulta um chefe de família que se apodera da palavra e do espaço, acompanhado de uma dona de casa submissa, que concorda vigorosamente durante toda a entrevista. Pode ocorrer que, diante dos filhos, ela invista os poderes dele ou também que, em cumplicidade com os filhos, a mãe faça "travessuras" que diminuam seu poder. Pode dar-se o caso de uma mulher que, com seu intelecto ou seu título, esmague um excelente "sem eira, nem beira" que acha compensação em levar seu filho com problemas de aprendizagem à cancha de esportes.

Muitas vezes vemos que, quando a escolha de casal é desequilibrada, o filho é "usado" para devolver ao carenciado o poder ou a estima perdidos, com os concomitantes sentimentos de satisfação, de infidelidade e de culpa. O nível da comunicação que observamos neste item se interrelaciona com o significado do sintoma, tornando mais clara a articulação do triângulo pai-mãe-filho, e, daí, a relação entre os significantes que os representam.

42 Sara Paín

Resumindo, a entrevista que denominamos "motivo de consulta" é uma ocasião para estabelecer hipóteses sobre os seguintes aspectos importantes para o diagnóstico do problema de aprendizagem:

a) significação do sintoma na família ou, com maior precisão, articulação funcional do problema de aprendizagem;
b) significação do sintoma para a família, isto é, as reações comportamentais de seus membros ao assumir a presença do problema;
c) fantasias de enfermidade e de cura e expectativas acerca de sua intervenção no processo diagnóstico e de tratamento;
d) modalidades de comunicação do casal e função do terceiro.

Se o esclarecimento destes pontos é chave para a compreensão diagnóstica do sintoma, ela se revela em toda sua importância no processo que segue e que denominamos, à falta de um vocábulo mais feliz, "momento de devolução", cujo objetivo é que os pais assumam o problema em sua dimensão real. Para isto, não basta apresentar-lhes as conclusões do caso, é necessário corrigir ou modificar suas explicações a partir do assinalamento dos aspectos latentes, ocultos no discurso.

Tal tarefa junto aos pais e à criança é, na realidade, o começo do tratamento psicopedagógico, e sua técnica será tratada no respectivo capítulo. Por enquanto, necessitamos compreender outros dados da realidade da criança, para compreender como intervêm os diferentes fatores relacionados com a aprendizagem nessa conjuntura individual chamada sujeito.

HISTÓRIA VITAL

Uma segunda entrevista com a mãe estará dedicada à reconstrução da história da criança. É conveniente realizá-la depois de conhecer um pouco o paciente, por meio da hora de jogo e de algumas provas psicométricas, a fim de orientar o interrogatório para aquelas áreas mais relevantes e de não abrir oportunidade à emergência de ansiedades e deslocamentos. Pergunta-se, portanto, sobre os possíveis antecedentes genéticos quando houver suspeita de alguma participação deste fator, ou insiste-se nas modalidades para educação do controle dos esfíncteres quando apareçam perturbações na acomodação, de modo a não desesperar a mãe com um emaranhado de "causas" possíveis, umas que a acusam e outras que a redimem.

A "história vital" nos proverá de uma série de dados relativamente objetivos vinculados às condições atuais do problema, permitindo-nos, simultaneamente, detectar o grau de individualização que a criança tem com relação à mãe e a conservação de sua história nela. É interessante notar a estreita relação dos problemas de aprendizagem, definidos, muitas vezes, como "de memória", com a impossibilidade da mãe para rememorar fatos e anedotas sobre a criança, que só pode recuperar parte de sua vida através dela.

Apesar de que, nesta entrevista, necessitamos uma série de dados bem-estabelecidos, ela deverá ser tão livre quanto possível, dando-se à mãe como instrução o tema geral, deixando que as especificações surjam da espontaneidade do diálogo. Ao fazer a pergunta, procura-se incluir o nome do paciente para definir melhor o objetivo, como, por exemplo, "o que você pode me dizer sobre o nascimento de Alberto?". Caso a mãe se mostre muito lacônica, confusa ou reticente, fecham-se um pouco as perguntas ou, então, inclui-se afetuosamente a mãe no relato, interessando-se pelas suas próprias experiências nos momentos nos quais deseja revivê-las; por exemplo, "você tinha em quem confiar? quem a ajudava?"; muitas vezes a mãe entende em tal frase um convite para corrigir certas experiências e recuperar delas níveis de satisfação sepultadas pelo rancor da carência, neste momento em que lhe oferecemos a garantia da compreensão. Em outro extremo poderemos encontrar uma mãe verborréica, que nos inunda com circunstâncias e anedotas, tecendo uma cortina de confusão que não permite aproximarmo-nos do sujeito de nosso estudo. Às vezes as mães respeitam os limites de um questionário mais fechado, mas quase sempre nos obrigam a denunciar que algo está oculto. Por exemplo, certa oportunidade em uma mãe, interrogada sobre a idade que a criança tinha quando começou a caminhar, respondeu que, como eram muitos em casa, sempre estava no colo, etc ..., sem concretizar o fato preciso. O psicólogo assinalou que em vez de responder, dava um pretexto que levava a suspeitar que a criança caminhara tarde, sem que pudesse afirmar-se isto com certeza, nem o grau de atraso que pudesse haver. A mulher olhou para o psicólogo, suspirou e concluiu: "Mais de 18 meses, doutora, este é o meu destino".

No caso de um paciente que consulta por problemas de aprendizagem, serão as seguintes as áreas de indagação predominantes.

Antecedentes natais

1. Pré-natais: referem-se às condições de gestação e às expectativas do casal e da família. É necessário verificar se a alimentação e o cuidado sanitário eram suficientes para garantir um bom desenvolvimento do feto sem descompensação da mãe, de maneira que ela se sentisse protegida material e afetivamente. A ocorrência de doenças durante a gestação e os dados genéticos e hereditários serão solicitados somente se o caso justificar.

   "Quando eu vim ao mundo ninguém estava me esperando", diz N. Guillén.

2. Perinatais: tem a ver com as circunstâncias do parto, particularmente aqueles que podem nos fazer suspeitar de sofrimento fetal, cianose, ou lesão. Falta de dilatação, placenta prévia, circular de cordão, "parto de nádegas", emprego de manobras ou fórceps, adiamento da intervenção cesárea, incompatibilidade de Rh costumam ser causa da destruição de células nervosas que não se reproduzem e também de posteriores transtornos, especialmente no âmbito da adequação perceptivo-motriz.

3. Neonatais: referem-se à adaptação do recém-nascido às exigências da sobrevivência. Suas pautas de conduta são, em primeiro lugar, um choro forte seguido de um sono tranqüilo, logo à presença de um choro como demanda consciente com consolo na sucção, finalmente alimen-

tação suficiente com aumento de peso segundo as normas e suficiente descanso para a criança e para os pais. Percebemos, ao mesmo tempo, o nível de adaptação da família do neonato por meio do respeito demonstrado por seu ritmo individual, a boa leitura de suas demandas e a eficácia na provisão de suas necessidades. Estes aspectos, de singular importância nos problemas não-patológicos da aprendizagem, estão em estreita relação com as condições socioeconômicas da família, as que lhe permitem dedicar mais ou menos tempo ao bebê, ter os elementos necessários para sua correta alimentação e higiene, contar a qualquer momento com o pediatra, etc.

Um bebê chora por frio, a mãe o deixa chorar porque ainda não é "sua hora". O bebê aprende que chorar é inútil; a mãe lhe dá de comer, e o bebê se reconforta com um objeto que não necessitava; o bebê aprende a pedir "algo" secundário à sua real necessidade. A mãe o levanta, o agasalha, lhe dá seu calor. O bebê se comunica. Em outro momento, o bebê não chora, mas sua mãe, pensando que faz frio, o agasalha. A criança ignora o que é o frio, e também ignora a maneira de pedir para que o atendam. Modelos que veremos repetidos alguns anos mais tarde: a criança está resignada à ineficácia de sua ação, e a inibe; a criança atua só pelo prêmio do afeto, ou da nota; a criança aprende e inventa; a criança aprende, mas não é capaz de criar.

Doenças

1. Em primeiro lugar, interessam as doenças e os traumatismos ligados diretamente à atividade nervosa superior. Os estados que denotam perda de consciência, sonambulismo, espasmos ou convulsões, terrores noturnos e distrações descritas como "lacunas" podem supor epilepsia em todas as suas variantes, enquanto que os estados nos quais houve rigidez, com ou sem seqüela de estrabismo e transtornos na locomoção, podem atribuir-se a processos encéfalopáticos.

   Estes antecedentes, unidos aos dados fornecidos pela psicometria, especialmente no nível de adequação visuomotora servem de guia para consultar com o pediatra e o neurologista, pois quadros aparentemente muito graves não deixam seqüelas, enquanto que, em outros de lesão evidente, é mais difícil rastrear o momento de sua aparição. De todas as formas, deve ser o especialista quem confirma ou despreza a hipótese do comprometimento orgânico e avalia sua importância no caso.

2. Dentre as demais doenças, é útil destacar o tempo de reclusão a que a criança foi obrigada, ou quão doloroso foi o processo – por exemplo, as otites repetidas na lactância – e se houve algum membro imobilizado pelo gesso. A lesão ou a inibição de um órgão, especialmente em um período de exercício funcional do mesmo, fica ligada freqüentemente a sua utilização, perturbando a aprendizagem que deve se realizar por seu intermédio.

3. Em terceiro lugar, interessam os processos abertamente psicossomáticos, sejam eles certos eczemas e bronquite asmática, vômitos, diarréias e cefaléias, como também a disponibilidade do organismo para recuperar-se, seja a rapidez de restabelecimento, a facilidade de aparição de complicações, a cronicidade das afecções. Ainda que não seja freqüente que o problema de aprendizagem se apresente em crianças que somatizam, é comum encontrar sintomas psicossomáticos entre seus antecedentes, e resulta-nos muito importante estabelecer o momento e as condições de deslocamento do sintoma.
4. Por último, destaca-se a disponibilidade física, isto é, a destreza, a habilidade manual, a disposição para os esportes, o peso e a estatura em relação à idade, à fatigabilidade e todas as possibilidades e limitações relacionadas com o corporal, especialmente as associadas aos órgãos dos sentidos.

Desenvolvimento

Interessa estabelecer se as aquisições foram feitas pela criança no momento esperado ou se, pelo contrário, estas foram precoces ou retardadas. Isto nos permite estabelecer um quociente aproximado de desenvolvimento, que se comparará com o atual, para determinar o deterioramento ou o incremento no processo de evolução.

Os aspectos em que a memória dos pais é mais fácil são as seguintes:

1. O desenvolvimento motor: em que idade a criança começou a caminhar independentemente e as circunstâncias que cercaram este fato (engatinhamento prévio, precauções para que não se arriscasse, disponibilidade de espaço).
2. Desenvolvimento da linguagem: com que idade a criança começou a falar, isto é, a designar um objeto ausente como, por exemplo, pedir água. Também interessa saber até quando conservou o "tati-bitati" e que palavras pronunciava com dificuldade.
3. Desenvolvimento de hábitos: com que idade a criança começou a pedir para solucionar sua necessidade de evacuação e a partir de que idade desenvolveu-se sozinha neste aspecto. Também interessam outros aspectos de sua independência – alimentação, sono e sua vida na rua – aspectos que não podemos avaliar a não ser considerando a norma que rege o grupo de pertinência da criança.

Aprendizagem

O importante, neste caso, é saber se a criança, uma vez que adquiriu um padrão de conduta, é autônoma para realizá-lo ou se ela se movimenta em função do controle materno, que a cada manhã programa: "te veste, te lava, toma leite, te penteia, não te esqueces de nada?, o cachecol, cuidado, etc.".

46 Sara Paín

Em se tratando do diagnóstico dos problemas de aprendizagem, privilegiaremos na história vital aqueles aspectos que constituem antecedentes da construção dessa função. São os seguintes:

1. *Modalidade do processo assimilativo-acomodativo:* O processo de adaptação, conforme J. Piaget, cumpre-se graças a um duplo movimento complementar de assimilação e acomodação. Por meio do primeiro, o sujeito transforma a realidade para integrá-la às suas possibilidades de ação e, por meio do segundo, transforma e coordena seus próprios esquemas ativos, para adequá-los às exigências da realidade.

No período sensório-motriz, durante o qual a inteligência do bebê se desdobra na ação que exerce sobre o mundo, a assimilação dos objetos aos esquemas e a modificação destes por acomodação à resistência da realidade, verificam-se plasticamente por meio de uma regulação dialética. No período representativo-intuitivo, encontramos atividades preponderantemente assimilativas, como o jogo, e outras predominantemente acomodativas, como a imitação, que possibilita a internalização de imagens. Na linguagem, ambos se conjugam em dois níveis que não se integram até o período operatório-lógico concreto, e de articulação, que obedece às normas da sintaxe e do código e o da significação, que é egocêntrico e simbólico.

Os problemas de aprendizagem estão freqüentemente ligados a perturbações precoces que determinaram a inibição dos processos ou o predomínio de um dos momentos sobre o outro, impedindo a integração que possibilita a aprendizagem. Lembremos que o primeiro esquema de ação que o bebê exercita é o de sucção, não apenas para alimentar-se, mas também para conhecer; todo objeto que chega à sua boca é investigado por meio da sucção e discriminado como duro, mole, morno, seco, de morder, etc.; mesmo assim, a função no vazio determinará a ausência de objeto. O espaço bucal vai progressivamente se enriquecendo com novos objetos que o bebê não atribui àqueles que vê, enquanto não coordena os esquemas orais, casuais e táteis-motores em um único complexo. Entretanto, pode ocorrer que a criança seja proibida de levar os objetos à boca no preciso instante de sua vida em que é capaz de integrar o conhecimento oral e o visual, e então tal conhecimento fica desintegrado do objeto, irrecuperável para a experiência do sujeito.

Esse "tira a mão da boca" vai acompanhado meses mais tarde de um "não toca nisso", que inibe a criança de tocar no que come. Desta forma, o conhecimento oral e o tato se dissociam definitivamente, dando lugar a uma série de objetos que aparecem duplicados em dois espaços diferentes e acompanhados, além do mais, de sentimentos de nojo que garantem a cisão.

Lembrando a ilustradora anedota de Piaget e sua filha, na qual se relata que a pequena só conseguiu situar em si própria a orelha que seu pai assinalava nele próprio, quando teve oportunidade de tocar a de seu pai, só neste momento reconheceu em si mesma a parte que correspondia à orelha do pai, é que notamos a limitação que os pais impõem ao conhecimento da criança, pelo simples fato de não se deixar tocar, apesar de ser o tato, além do espelho, a única via através da qual a criança tem possibilidades de investigar as partes do corpo que não lhe são visíveis. Este tipo de controle sobre os canais ligados à provisão dos esquemas de ação por vias da educação será certamente a aceleração na aparição dos processos simbólicos, pois os esquemas internalizados têm maior possibilidade de coordenar-se.

Entretanto, no caso de ser muito precoce, a criança deixa muitas experiências para trás que, ao não ser integradas no esquema do objeto total, não podem incluir-se nos sistemas cada vez mais equilibrados, empobrecendo, por perda e falta de disponibilidade, o conteúdo do pensamento inteligente. A fim de indagar a modalidade particular em que ocorreram os processos assimilativos no sujeito, podemos escolher situações exemplares, como o aleitamento, a passagem para a comida semi-sólida, o manejo da colher, etc., cuja anamnese provoca comentários como os seguintes: "cinco minutos em cada seio e pra caminha; apenas era levantada para trocar as fraldas", e "não queria saber nada de purê, tinha arcadas" (note-se a utilização do verbo "saber") ou, finalmente, "eu a alimentava com a colher, para que não se sujasse; eu lhe segurava as mãozinhas, caso contrário era uma lambuzera".

Para indagar, os aspectos ligados à acomodação, escolhemos a situação de controle de esfíncteres, isto é, interrogamos a mãe sobre os recursos adotados para conseguir com que a criança demandasse atenção sobre suas necessidades de evacuação na vida diurna. Este fato supõe que a criança reconhece, por meio de certos sinais interoceptivos, sua necessidade; que pode protelá-la até que as condições para seu cumprimento se dêem e, que é capaz de desenvolver certa atividade (demanda) que mediatiza a efetivação de tais condições. É possível, entretanto, que, diante de ameaças de castigo ou de assiduidade no uso do urinol, a criança iniba sua necessidade ou simplesmente não chegue a senti-la, adequando-se, desta forma, à exigência materna, por simples domesticação. Este controle precoce evita, do ponto de vista cognitivo, um rápido reconhecimento do sinal; daí a possibilidade de adiar, que a criança internaliza – em um só esquema – necessidade e condições de realização; e, por último, o arbítrio de meios que antecipam essas condições. O interrogatório sobre este tema irá permitir-nos concluir sobre as oportunidades que a criança teve para fazer uma boa adaptação inteligente.

A inibição precoce de atividades assimilativo-acomodativas dá lugar à modalidade nos processos representativos cujos extremos podemos caracterizar da seguinte maneira:

– hipoassimilação: os esquemas de objeto permanecem empobrecidos, bem como a capacidade de coordená-los. Isto resulta em um déficit lúdico e na disfunção do papel antecipatório da imaginação criadora;

- hiperassimilação: pode se dar uma internalização prematura dos esquemas, com um predomínio lúdico, que, em vez de permitir a antecipação de transformações possíveis, desrealiza negativamente o pensamento da criança;
- hipoacomodação: que aparece quando o ritmo da criança não foi respeitado, nem sua necessidade de repetir muitas vezes a mesma experiência. Sabemos que a modalidade da atividade do bebê é a circularidade, mas esta não pode ser exercitada no caso de perder-se o objeto sobre o qual se aplica; isto, por sua vez, atrasa a imitação adiada e, portanto, a internalização das imagens. Assim, podem aparecer problemas na aquisição da linguagem, quando os estímulos são confusos e fugazes;
- hiperacomodação: acontece quando houve superestimulação da imitação.

A criança pode cumprir as instruções atuais mas não dispõe de suas expectativas nem de sua experiência prévia com facilidade. Esta criança é descrita como "não é um mau aluno, mas não tem iniciativa, não é criativo; falha em redação".

Resumindo, o que nos interessa chegar a compreender neste ponto é a oportunidade que a criança teve para investigar (aplicar seus esquemas precoces) e para modificar-se (por transformação de seus esquemas), com as implicações posteriores dessas atividades no jogo e na imitação, o que leva à constituição de símbolos e imagens.

2. *Situações dolorosas:* Dentre os antecedentes que podem vincular-se diretamente ao problema de aprendizagem, merecem especial atenção os acontecimentos que representaram uma mudança considerável para a criança e para a família, que quase sempre são ligados a uma perda. Podem citar-se, entre os mais comuns, o nascimento de irmãos, mudanças de casa, morte ou afastamento de familiares e de pessoas que conviveram com a criança, mudanças de escola, etc. É preciso anotar as condições nas quais estes acontecimentos se deram, a participação da criança e a reação posterior com relação ao fato. Ainda no plano descritivo, parece lógico considerar que os lutos deterioram a aprendizagem, pois tornam improdutivos todos os esforços empregados para dominar a situação anterior. Quando uma criança muda de casa, sente que um monte de saberes, como, por exemplo, a distribuição das dependências da casa, o nome do dono do armazém do bairro, etc., se perdem irreparavelmente. Entretanto, a criança sente que cada coisa nova que aprende substitui uma que esquece, e que aceitar "o que é agora" é renunciar ao que "era antes". Duas variáveis são importantes para que uma situação dolorosa não venha transformar-se no desencadeante de um problema de aprendizagem: em primeiro lugar, que a criança tenha a oportunidade de elaborar corretamente a perda, por integração do passado no presente, por meio

de uma participação ativa na mudança ocorrida, seja no ato mesmo da mudança, ou pela possibilidade de compartilhar a necessária dor que a morte provoca, ou, ainda, em rememorar uma e outra vez momentos passados nos lugares e com aquelas pessoas que não voltarão a se ver, especialmente relacionadas com a existência presente. Isto ajudará a preservar a lembrança e evitará transformar o esquecimento em uma seqüela necessária da aprendizagem daquilo que é novo. Em segundo lugar, certamente, esta perda não deverá representar o castigo prometido, e casualmente realizado, da vontade de conhecer, nem deverá relacionar-se com alguma outra mudança (o nascimento de um irmãozinho, por exemplo) que desperta a curiosidade da criança e, não sendo satisfeita, a impulsiona a interromper "o instinto do 'saber'".

Na realidade, este aspecto da história vital nos permitirá ver a oportunidade que a criança tem, através das transformações e do tempo, de recuperar suas experiências, tanto por meio dos relatos familiares que falam de seu nascimento, de suas primeiras gracinhas e de tudo aquilo que se relaciona com a memória familiar, como pela informação adequada, que lhe permita viver plenamente cada experiência, integrando-a, desta forma, à sua identidade. A criança com problemas de aprendizagem dificilmente recebeu, por defeito próprio do grupo, os benefícios da memória e da antecipação.

3. *Informação:* Neste aspecto, reunimos dados sobre a informação que é fornecida à criança na comunicação direta, sobre os assuntos que são falados com ela, quais são os interesses comuns que a ligam aos diferentes membros de sua família e que recepção encontra para seu discurso. Interessa especialmente saber como ficou sabendo dos temas sexuais, não apenas quanto ao nascimento, mas também quanto ao seu desenvolvimento, à masturbação, à prostituição, de acordo com a idade do paciente. Quanto à morte, procuramos determinar o que a família quer que a criança pense, já que, de certa forma, nisso é que essa família deseja continuar acreditando.

Para nos aproximarmos mais da ideologia do grupo, é conveniente determinar com que tipo de estimulação cultural ela conta: televisão, revistas, livros, etc., e se a criança participa ou não desse material. Também é útil determinar que tipo de atividades extra-escolares realiza, tais como esportes, aprendizagem de línguas, música, etc., e o eco social que seu desempenho encontra.

Embora os problemas de aprendizagem dificilmente sejam problemas de informação, a presença de fantasias muito bizarras e inadequadas para a idade da criança sugere que esta aceitou alguma crença muito prezada pelo grupo familiar, que denuncia uma de negação que pode ter relação com a articulação do sintoma.

4. *Escolaridade:* Nos problemas de aprendizagem, é evidentemente muito importante explicitar tudo aquilo que se refere às experiências escolares pelas quais a criança tenha passado, as mudanças atribuíveis à instituição e as transformações ocorridas na criança.

50 Sara Paín

Prestamos atenção à experiência ligada ao primeiro contato do paciente com cada série e, se for pertinente, perguntamos sobre as causas de desistência, de ausências ao jardim de infância, precocidade no ingresso na escola primária, característica dos estabelecimentos de ensino (dupla escolaridade, bilingüismo, religiosidade, etc.), para apreciar a modalidade particular da relação família-escola.

A escola pode ser, para a família, "o segundo lar", "um depósito de crianças", o lugar onde "os colocam na linha", uma prisão, um mal necessário, um bem apreciado no sentido de sua utilidade para o dia de amanhã, o lugar onde se encontram com outras crianças, onde aprendem a obedecer, onde aprendem a defender-se, etc. Uma família pode ver-se alterada porque uma professora é muito rigorosa e outra porque a professora não o é suficientemente; para alguns, a professora presta um serviço; para outros exerce um comando. Concluindo, interessa-nos saber o que é a escola para esta família em particular, que função cumpre dentro das expectativas do grupo, qual é a representação do mundo em que a escola adquire sentido e, portanto, até que ponto este sentido se ressente (re-sente) em função da dificuldade da criança.

Considerando a dificuldade específica, interessa indicar o tipo de método a ser empregado, as tentativas prévias de correção e aqueles aspectos não-esclarecidos no "motivo da consulta". Estes dados, junto com a análise dos cadernos da criança e, se possível, somados à informação da escola, irão permitir-nos elucidar, em alguns casos, se se trata de um problema de aprendizagem ou de um problema escolar, bem como verificar a mútua correlação entre eles.

Com o objetivo de resumir aqueles aspectos mais intimamente ligados ao problema de aprendizagem, enfatizamos os seguintes pontos:

a) disponibilidade corporal (antecedentes natais e mórbidos, disposição atual, psicossomática);
b) ritmo e autonomia de desenvolvimento;
c) aprendizagem: esquemas assimilativo-acomodativos; exercício lúdico e imitativo, história escolar e informação;
d) aprendizagem e escola na ideologia do grupo de pertencimento.

HORA DE JOGO[2]

A atividade lúdica inclui os três aspectos da função semiótica que, a partir ponto de vista evolutivo, começa aos 2 anos, uma vez construído o mundo prático; são eles o jogo, a imitação e a linguagem.[3]

---

[2]Cf. S. Paín, "Lógica algebraica y psicología", *Rev. Argentina de Psicología*. n. 3, ano I, Buenos Aires, marzo de 1970.

[3]Cf. F. *Scheersohn, Jeu et nervosité*. P.U.F., Paris, 1968.

O jogo propriamente dito é uma atividade predominantemente assimilativa, através da qual o sujeito alude a um objeto, propriedade ou ação ausente por meio de um objeto presente que constitui o símbolo do primeiro e guarda com ele uma relação motivada. A imitação, entretanto, é uma ação postergada, internalizada como imagem, que permite à criança realizar ações simbólicas sobre objetos simbólicos que têm por base o seu próprio corpo. Quando uma criança "faz que bebe de uma xícara" levando um cubo que tem na mão à boca e levantando o queixo, repete simbolicamente o ato de beber, internalizado como esquema. Às vezes o corpo da criança é utilizado para imitar certos movimentos alheios ou mecânicos como, por exemplo, os eixos de um trem; a compreensão na imitação da articulação de tal movimento é incrivelmente precoce, se relacionada com sua compreensão conceitual, já que a criança não consegue desenhar os momentos desse movimento na mesma idade em que é capaz de imitá-los.

A linguagem é a função semiótica por excelência, já que permite a referência a um objeto ausente através de uma articulação fonoauditiva que constitui a matéria fônica de um sinal arbitrário. A linguagem participa do jogo, seja substituindo certos movimentos difíceis de simbolizar materialmente, ou no momento da integração. Na medida em que passam os anos, os conteúdos verbais e narrativos aumentam sensivelmente no jogo de fantasia, até que a criança inibe completamente a ação e pode projetar verbalmente todo o episódio, ao mesmo tempo que o antecipa e corrige no nível imaginário, desdobrando e novamente dobrando sua fantasia.

O exercício de todas as funções semióticas que supõe a atividade lúdica possibilita uma aprendizagem adequada na medida em que é por meio dela que se constroem os códigos simbólicos e signálicos e que se processam os paradigmas do conhecimento conceitual, ao possibilitar-se, por meio da fantasia, o tratamento de cada objeto nas suas múltiplas circunstâncias possíveis.

Com o jogo, a criança combina propriedades em uma alquimia peculiar na qual o impossível pode ser experimentado. O jogo põe em marcha uma série de possibilidades, dentre as quais as mais equilibradas são conservadas, isto é, aquelas onde a regulação estabelece um nível suficiente de coerência. Desta maneira, só o plausível é integrado.

Assim como analisamos os esquemas práticos de conhecimento através da atividade assimilativo-acomodativa no bebê, a atividade lúdica nos fornece informação sobre os esquemas que organizam e integram o conhecimento em um nível representativo. Por isto, consideramos de grande interesse para o diagnóstico do problema de aprendizagem na infância a observação do jogo do paciente, o qual fazemos por meio de uma sessão que denominamos "hora de jogo".

O material utilizado para esta técnica diagnóstica, quando se trata de diagnosticar o problema de aprendizagem, é predominantemente não-figurativo, pois interessa prestar especial atenção ao processo de construção do simbólico, mais do que às projeções efetuadas sobre um objeto já determinado pelo seu conteúdo.

Utiliza-se uma caixa que contém paralelepípedos de construção, cartões, fita adesiva, clips, tesouras, cordões, cartolina, papéis coloridos, tintas, esponjas, massinha, percevejos, etc.

Eventualmente podem acrescentar-se algumas miniaturas de personagens e de animais.

A hora de jogo pode ser realizada até os 9 anos inclusive, pois, a partir dos 10 anos, as crianças preferem jogos de regras e oferecer-lhes uma atividade superada costuma torná-las confusas e envergonhadas. Neste caso, a hora de jogo é substituída por uma entrevista do tipo "motivo da consulta", e os itens analisados na hora de jogo são transferidos para o exame da organização do relato do TAT ou do Phillipson, cuja análise veremos oportunamente.

A tarefa precisa estar perfeitamente enquadrada para que a criança possa mobilizar-se dentro de uma situação insólita, a de brincar enquanto um desconhecido a olha. Por este motivo perguntamos à criança se sabe por que veio e quem somos. As fantasias neste sentido são múltiplas e estão em íntima relação com as expectativas paternas. Algumas crianças nos identificam com uma professora especial ou supõem que está em nossas mãos de juiz decidir sobre seu destino escolar; outras respondem simplesmente que não sabem ou que não se lembram, o que é uma maneira encoberta de falarmos de seu problema. De todas as formas, antes de dar as instruções, é necessário levar a criança à situação atual na qual ela é uma criança com um problema que consiste em não aprender, enquanto que a gente vai tentar saber por que isto lhe acontece e vai tentar ajudá-la. Desta forma, transformamos o "não sei por que venho" em "você não é professora" (já que a professora não pode ensiná-la) e, só nesse momento, lhe damos as instruções, mostrando-lhe a caixa aberta com o material: "aqui tem uma caixa com muitas coisas para que brinques do que *tu* quiseres; enquanto *tu* brincas eu vou anotar o que vais fazendo". A caixa deve estar em um lugar cômodo para a manipulação e deve dispor-se de uma mesa firme e suficientemente grande para o desenvolvimento do jogo. No caso de se preferir trabalhar sobre um tapete, o psicólogo deverá se colocar no nível da criança, no chão ou em um banco baixo.

Embora seja conveniente que a participação do psicólogo seja mínima, às vezes é preciso sacrificar o enquadramento em função de uma relação melhor com a criança. Desta forma, se, por exemplo, a criança se nega a entrar na sala, é conveniente convidar também a mãe, para ver que aspecto dela a criança teme perder ou precisa continuamente, e se, estando ela presente, a criança consegue ou não brincar. Outras crianças não aceitam o contrato e fazem o possível para incluir-nos no jogo com demandas e até atribuições de papéis; neste caso, faz-se necessário repetir a instrução fazendo com que a criança retorne à realidade do diagnóstico. Caso a criança não tenha tentado aproximar-se dos objetos no primeiro quarto de hora, começa-se a inventariar junto com ela o material, perguntando-lhe o que poderia fazer com tudo aquilo; em um caso extremo, pode-se dramatizar o jogo que a criança descreve (como se se tratasse de um ego auxiliar). O importante é descobrir como a criança brinca e, em casos extremos, em que condições ela é capaz de brincar.

A fim de determinar o momento da ruptura na aprendizagem deficitária e o nível de sua gravidade, convém, antes de mais nada, descrever o transcurso normal do jogo e sua conseqüência lógica. Para que a atividade lúcida seja um canal de aprendizagem, sua montagem é feita segundo os seguintes momentos:

a) Primeiro, um inventário, no qual a criança trata de classificar, de alguma maneira, o conteúdo da caixa. Seja por meio de mera manipulação dos objetos, seja experimentando seu funcionamento, seja notando sua presença através do olhar, o sujeito procurará fazer uma composição de lugar avaliando os elementos de que dispõe de modo que estes venham sugerir-lhe possibilidades de ação.

b) Um segundo momento é dedicado à postulação de um jogo, construído em torno de um esboço de seqüência que é um desenvolvimento coerente da hipótese escolhida. O material deixa de ser utilizado ou manipulado em si e começa a formar parte de uma organização simbólica que é realizada por sucessivos ensaios por meio dos quais a criança dirige a ação, escolhe o destino e o papel dos personagens, corrige o argumento, combina e mantém adequados os materiais na busca de um fim antecipado, aceitando e também descartando significantes e episódios.

c) Em um terceiro e último momento, é realizada a aprendizagem propriamente dita, isto é, a integração da experiência atual entra no sujeito como conhecimento. Tal integração é realizada, simultaneamente, de duas maneiras, uma por resumo ou esquematização do jogo, naquilo que ele tem de mais coerente e equilibrado, e outra pela vinculação deste esquema com os anteriores através de uma assimilação coordenadora.

Eis aqui resumida a atividade lúdica de uma criança de 5 anos, com um rendimento intelectual de nível superior e excelente disposição para a aprendizagem: revira a caixa abrindo os potes que contém clips e tira cubos e fichas. Simula uma professora com um cilindro grosso e uma outra professora com outro cilindro fininho. Coloca diante das duas, em fila de dois-a-dois as fichas-aluno. Corta papéizinhos e pedacinhos de massinha e os coloca diante de cada ficha, dando ordens com voz aveludada e de acordo com o vocabulário clássico de estimulação do magistério. A seguir, coloca as fichas separadas em torno da mesa, coloca sobre um cartão uma zeladora-cubo e, deslizando-o, "vai recolhendo os meninos" dispondo-os diante dos cilindros-professoras, no lugar destinado à escola. Faz um rabisco de cor em cada papel e os recolhe fazendo comentários pertinentes. Observamos primeiro a função do inventário; a seguir, a organização de um episódio assimilado e sua experiência cotidiana, sugerido pela igualdade das fichas e pela desigualdade das demais peças. A utilização de outros materiais, tais como papel e massinha, é muito adequada; a verbalização completa a reconstrução da situação de aula. O nível de integração fica determinado na inclusão corrigida deste momento em uma seqüência que começa desde que o ônibus passa a buscar as crianças. Ainda que a qualidade do jogo dependa do sexo e da idade, sempre é possível observar, no jogo normal, os três momentos mencionados e a fertilidade da designação simbólica. Assim, uma criança de aproximadamente a mesma idade que o caso descrito, depois de retirar todos os elementos da caixa, o que lhe serve de rigoroso inventário, monta um toca-discos e, na falta de material para confeccionar o fio e a tomada, coloca-lhe pilhas-carretéis demonstrando com isto suficiente capacidade de aproveitamento da experiência passada, em situações modificadas e, portanto, integração da experiência presente. Uma menina de 7 anos demonstra o nível lógico de sua organização por meio da construção de partes sucessivas na mobília de uma peça, na qual coloca cama com colcha, travesseiro com fronha, etc., para transformá-la no final da hora em um cenário de teatro.

É impossível encontrar tais realizações em crianças com problemas de aprendizagem. As perturbações podem aparecer em qualquer dos três níveis, acusando a gravidade do déficit. Observaremos:

a) Em um primeiro nível, a relação peculiar que a criança estabelece com os objetos. Lembremos que, para que haja aprendizagem, deve haver um objeto discriminado de um sujeito que mantém com ele uma distância ótima, como para que este objeto se diferencie. Pode ocorrer que a distância seja mínima, isto é, que o sujeito pemaneça confundido com o objeto, que não diferencie as propriedades do objeto das atividades que podem ser exercidas sobre eles. Esta criança entrará virtualmente na caixa, tirará as coisas, pulará junto com os objetos. Esta atitude extrema aparece em alguns psicóticos, nos hipercinéticos, nos pós-encefalíticos, que parecem desmoronar-se junto com as cambaleantes torres que constroem reiteradamente.

No outro extremo, encontramos a criança que não toma qualquer contato com os objetos. Às vezes se trata de uma evitação fóbica que pode ceder ao estímulo. Outras vezes se trata de um desligamento da realidade, uma indiferença sem ansiedade, na qual o sujeito se dobra às vezes sobre seu próprio corpo e outras vezes permanece em uma atividade quase catatônica. Em certos autismos, aparecem momentos de hipermobilidade compulsiva, alternados com momentos estáticos ou de manipulação do próprio corpo.

Evidentemente que os casos expostos são extremos e, entre estes, se dá uma diversidade de matizes intermediários. O mais importante é notar até que ponto a criança toma o objeto como tal, o diferencia e o relaciona com os outros e em que medida acata as leis do objeto e as aproveita para desenvolver as suas. Assim, entre as crianças com problemas de aprendizagem, encontramos aquelas que culpam um potinho "porque não quer abrir-se", ou aqueles que repetem, sem corrigir, a construção de uma torre que cai, denotando uma confusão na base de sua relação objetal.

Algumas crianças são capazes de realizar um bom inventário, entretanto fixam-se a ele. Seu jogo consiste em classificar e ordenar uma e outra vez os elementos da caixa sem esboçar nenhuma combinação entre eles; todo seu esforço concentra-se, precisamente, em manter os objetos separados, discriminados e controlados. São especialistas na análise, mas não podem sintetizar. Outros, presumivelmente em situação dolorosa, experimentam o funcionamento de cada elemento; verificam se o lápis escreve, se a tesoura corta, se a borracha apaga, em atitude de inspeção. Ambos os comportamentos, particularmente obsessivos, interrompem o jogo na etapa do inventário, e isto se reflete na aprendizagem como incapacidade de coordenação.

b) No segundo nível, o grau de organização que a atividade lúdica apresenta. Trata-se de impor uma linha de sentido e de relacionar os materiais de maneira que realizem tal sentido. O esquema de jogo pode contar com uma antecipação suficiente, ou pode ser motivado pelos próprios objetos. A antecipação nas crianças com problemas de aprendizagem é bastante lábil; geralmente iniciam realizando jogos pobres e paralelos com escassos

Diagnóstico e tratamento dos problemas de aprendizagem **55**

elementos, como por exemplo, uma casinha, logo um cestinho de massinha, para finalizar fazendo pacotinhos enrolados e amarrados com cordão.

No momento da organização, levamos em consideração além da criação antecipatória, o aproveitamento dos recursos, a possibilidade de autocorreção, a conseqüência do episódio, a coerência do relato dramatizado e a inclusão de referências verbais. Todos estes aspectos costumam estar diminuídos ou exercitar-se de maneira desigual, e isto aparece em termos de aprendizagem, como incapacidade para entender relações, para formular hipóteses, para colocar problemas e, portanto, para encontrar-lhes solução.

c) No terceiro nível, a possibilidade de integrar em um esquema único a conclusão ou resultante do exercício lúdico e, desta forma, poder interiorizá-lo como experiência disponível.

Algumas crianças com problemas de aprendizagem não são capazes de fazer a síntese cognitiva porque destroem o jogo no momento em que está mais organizado, nessa atitude que Freud chamou "fracasso diante do êxito", outros não podem fazer a síntese porque, mergulhados em um tipo de inércia criativa, continuam acumulando experiências sem deter-se para coordená-las em um objetivo ou projeto comum a todas elas; nestes comportamentos, há um contínuo desperdício de energia que não rende. Alguns conseguem o mesmo efeito por meio do comportamento contrário, e interrompem o jogo quando já está organizado porque resistem a destruir o que fizeram, mesmo que seja para fazê-lo melhor; uma criança disse "a ponte ficaria melhor aqui mas tenho pena de desmanchá-la". Em todos estes casos há aprendizagem imediata, compreensão correta, mas pouca modificação real. Os dados mais importantes a serem extraídos da sessão que denominamos de "hora de jogo" respondem a quatro aspectos fundamentais da aprendizagem:

a) distância de objeto, capacidade de inventário;
b) função simbólica, adequação significante-significado;
c) organização, construção da seqüência;
d) integração, esquema de assimilação.

PROVAS PSICOMÉTRICAS[4]

O aspecto intelectual do comportamento da criança será revelado mais precisamente através da administração de provas psicométricas. A partir do ponto de vista quantitativo, a utilização dos baremos nos indica a situação do sujeito no seu grupo de idade, dentro de uma população definida, situando-o em uma ordem percentual, ou em termos de desvio com relação à média de rendimento do referido grupo. Em ambos os casos, teremos um dado sobre a eficácia do comportamento inteligente do sujeito na situação de prova, em um momento dado, o que pode representar ou não um exemplo das suas possibilidades gerais.

---

[4]Cf. bibliografia em S. Paín, *Psicometría genética*, Nueva Visión, Buenos Aires, 1973.

Supondo que o percentil ou o quociente intelectual obtido na situação de prova representem efetivamente a média do rendimento do sujeito, fica ainda por interpretar seu significado diagnóstico pela resolução das seguintes colocações:

a) Se há deterioramento da inteligência e, nesse caso, se este se manifesta como reversível, parcialmente reversível ou irreversível. Para esta análise, temos que considerar se os padrões que determinam maior déficit são gerais ou específicos e, neste caso, se são lábeis ou estáveis, já que é mais fácil a recuperação em uma descompensação parcial sobre padrões facilmente regressivos do que quando a descompensação é total e abrange estruturas de base, como poderiam ser as perceptivas ou os esquemas sensório-motores, a imagem e a sintaxe.

Neste ponto, faz-se necessária a distinção diferencial entre oligofrenia, isto é, o déficit cognitivo com compromisso orgânico secundário ou genético, e oligotimia que, embora apresente eventualmente compromisso neurológico ou metabólico, justifica-se mais por uma disfunção egóica. Nos protocolos psicométricos, o oligofrênico aparece com um rendimento menos disperso, com um esforço acentuado de acomodação e melhor familiarização; o oligotímico se apresenta com uma tendência marcadamente egocêntrica, com predominância da assimilação, em função do que o vocabulário pode ser muito mais rico e muito mais confuso de que no oligofrênico do mesmo nível. Resumindo, o oligotímico apresenta maiores recursos, mas os instrumenta menos ou de maneira pior do que o oligofrênico.

b) Em segundo lugar colocamo-nos a seguinte questão: qual é a determinação mútua entre os componentes inteligência e aprendizagem? Geralmente consideramos que qualquer déficit de inteligência determina uma limitação no processamento dos dados da experiência e que uma inibição na atividade da aprendizagem empobrece os esquemas que a inteligência coordena, especialmente quando isto ocorre na idade de construção de tais esquemas. A falta de exercício, em função da carência de estimulação, pode provocar a parada irreversível do desenvolvimento da inteligência, tal como tem sido descrito nos casos de hospitalismo e abandono precoce. Entretanto, nem todo déficit da inteligência acarreta um problema de aprendizagem. Há casos bem compensados, nos quais a criança aproveita todas as possibilidades viáveis para ela de acordo com seu QI, o qual não apenas acusa a relação atual entre sua idade mental e sua idade cronológica, mas também dá o ritmo de seu possível desenvolvimento. É claro que algumas modalidades do pensamento oligofrênico (estereotipia, viscosidade, rigidez) e até o tratamento dado pelos pais, que provoca sua carência, modificam o quadro inicial que apresenta, freqüentemente, características psicóticas e de transtornos adicionais na aprendizagem.

Será verificado se a falta de exercício e de oportunidade de exercício atentam contra a inteligência, na rápida acomodação ou na incrementação do rendimento em tarefas de adequação perceptivo-motora ou de manipulação de áreas. O nível verbal será inferior ao de execução, com especial decréscimo nas provas de informação e lentidão no código (rimas). Será notória a falta de disponibilidade de conhecimentos firmemente adquiridos e a pobreza na conquista de hábitos (aprendizagem da tabuada de multiplicação, abecedário, etc.).

Quando o déficit da inteligência não limita a aprendizagem aparece um rendimento melhor nas provas verbais de acumulação sem organização, em automatismos já adquiridos e nas provas simples de observação e de memória mediata, sempre dentro dos limites que o QI do sujeito determina.

c) Em terceiro lugar, as provas psicométricas oferecem, junto com os pontos expressos na idade mental, quociente intelectual ou percentil, a situação do sujeito em uma classificação diagnóstica em virtude do rendimento demonstrado. Cada escore estatisticamente limitado define um tipo de eficácia intelectual, geralmente considerado como estável em cada indivíduo. Desta maneira tenta dar não apenas uma definição diagnóstica, mas também uma perspectiva prognóstica, mais ou menos modificável pelas circunstâncias provocadas ou fortuitas. Apesar dos cuidados tomados na construção das provas, os escores obtidos estão sempre sujeitos a erros, de modo que, para diminuí-los na validade prognóstica, é necessário administrar sempre um conjunto de provas e anexar o exame quantitativo na análise qualitativa do comportamento.

A seguir descreveremos as categorias mais comuns relacionadas com os problemas de aprendizagem:

1. *Debilidade mental:* Situam-se numericamente abaixo do quociente intelectual 65, embora em casos de boa compensação e exercício, podem chegar a obter, em algumas provas, um QI 75, especialmente as de treinamento. Os problemas de aprendizagem se instalam facilmente neste quadro, que é freqüentemente de origem genética e, eventualmente, de origem orgânica secundária (seqüelas pós-encefalíticas, meningo-encefalites, etc.), determinando que o QI se deteriore até 50, aproximadamente, superado facilmente na primeira etapa do tratamento. A deterioração se produz especialmente no nível das estruturas que não conseguiram se completar, pois estas crianças sempre recorrem aos índices perceptivos, mesmo que algumas provas de conservação sejam eventualmente superadas por elas. A psicopedagogia clínica tem possibilidades limitadas nestes casos e será indicado um tratamento psicopedagógico cooperativo, centrado no estímulo.

2. *Rendimento limítrofe:* A maioria das crianças com problemas de aprendizagem apresentam um rendimento limítrofe nas provas, caracterizado por uma considerável dispersão nos resultados. A média desse rendimento anda em torno do QI 80 ou até um percentil 15. As estruturas congitivas não aparecem com retardo, mas sua aplicação resulta instável e submetida a regressões bruscas. Geralmente há um quadro neurológico de base com concomitantes de ansiedade e de hipercinesia.

3. *Normal baixo:* Mesmo que os sujeitos de rendimento normal baixo possam obter eventualmente um QI igual ao limítrofe (85 como mé-

dia), o protocolo indica menor dispersão e se observa maior homogeneidade na aplicação das estruturas construídas, que costumam ser sólidas. Trata-se, em geral, de problemas de hipo-estimulação ou de personalidade, especialmente no que tange ao vínculo do sujeito com a realidade. Trata-se de um quadro muito sensível ao tratamento psicopedagógico e de bom prognóstico.

4. *Normal:* O sujeito normal é o que obtém um QI entre 90 e 110; isto não se refere tanto ao fato de 50% da população estar situada entre estes limites nas provas usuais e, sim, porque o erro que afeta os escores determina que um sujeito que, em uma administração, obtém um QI de 95, por exemplo, poderia tranqüilamente obter de 90 a 105 em uma outra oportunidade. Isto significa que, para cada idade, se o sujeito é normal, é possível oscilar entre uma série de comportamentos mais ou menos maduros. Por outro lado, um mesmo sujeito, justamente por ser normal, oscila dentro de uma margem de maturidade, mas de acordo com cada oportunidade particular. Desta forma, o rendimento normal no Terman acusa geralmente uma distorção de três períodos e, no WISC, de seis p.p. Esta amplitude no rendimento da criança normal permite separar nitidamente o problema de aprendizagem do déficit de inteligência e, portanto, pode ver-se mais claramente a articulação do sintoma.

5. *Normal superior:* O tipo de rendimento correspondente ao sujeito normal superior é o que merece, em linguagem vulgar, o qualificativo de inteligente; não há precocidade na aquisição das estruturas, mas estas são aplicadas com grande flexibilidade, embora, nas crianças com problemas de aprendizagem, elas estejam submetidas a regressões egocêntricas. Assim, a maioria dos problemas de aprendizagem em crianças bem dotadas surge de uma má inserção escolar e de um predomínio na assimilação. Geralmente acusam um rendimento verbal inusual, que costuma elevar indevidamente o QI.

6. *Superdotados:* Os sujeitos superdotados, com QI superior a 130, quando apresentam problemas de aprendizagem mostram grande precocidade na aquisição de estruturas, que entra freqüentemente em contradição com uma carência na necessária acumulação da experiência no estádio anterior. Em geral, apresentam um déficit lúdico e, daí, dificuldade na organização da soma de dados, que processam isolada e vertiginosamente. Em resumo, contam com muitas possibilidades, mas com poucos recursos.

Outro aspecto que é importante destacar é o das atitudes e das modalidades da atividade cognitiva. Com o termo atitude referimo-nos à interpretação banal da contratransferência; assim, encontramos o paciente disposto, distraído, atento, interessado, indiferente, mais do que pelo seu rendimento, pelo desdobramento de posições, ritmo e gestos que imprime à sua atividade, aspectos que funcionam nas relações humanas como índices da disposição do sujeito. Entretanto, não devemos confiar demais em tais impressões: a criança conhece nossa conclusão de que "não obteve bom rendimento por sua apatia ou indiferença", e tal apatia pode ser sobreatuada, mais ou menos inconscientemente, com o objetivo de obter o efeito de nossa conclusão, isto é, que o sujeito considera que é melhor parecer apático do que burro. Em outro caso, a criança prefere ser burra a ser explorada e faz toda uma onda de grande preocupação e esmero por realizar um bom trabalho, que nos convence que seu desempenho é "limitado, apesar do interesse que demonstra".

Mais interessantes certamente resultarão as modalidades impressas na atividade cognitiva, que se relacionam com o nível neurológico, ou seja, com esquemas de ações estereotipadas. Referimo-nos à:

1. Rigidez ou flexibilidade do pensamento, isto é, sua possibilidade de mudar de direção e a disponibilidade de conhecimentos adquiridos.
2. Estereotipia como tendência a buscar indícios perceptivos a partir do exterior a fim de operar. É uma modalidade cognitiva com a qual a criança se defende da confusão.
3. Viscosidade, refere-se a um tipo de pensamento recorrente que, por temor a desorganizar-se, aferra-se à redundância que o reassegura.
4. Labilidade, que não deve confundir-se com a desatenção ou a distração, pois estes comportamentos se apresentam como uma fuga da realidade em função da mudança do tema ou de fantasia, e a labilidade, ao contrário, é uma perda de energia ou de vigor que desvitaliza a experiência.

Os dados mais importantes das provas psicométricas surgem da análise quantitativa do rendimento, isto é, de sua interpretação genética. Determinamos, em primeiro lugar, o estádio em que a criança opera as estruturas já elaboradas e as que se encontram em um período de transição. Percebemos a relação entre os instrumentos de que a criança dispõe para interpretar a realidade e as exigências que o ensino lhe impõe, com o objetivo de decidir se suas dificuldades na aprendizagem podem ser justificadas ou não pela disponibilidade inteligente do sujeito.

Além disso, é necessário considerar as compensações e as descompensações que aparecem no rendimento em relação às diferentes modalidades que podem dar-se segundo o conteúdo material e as instruções de cada prova. Com o objetivo de comparar a aplicação das estruturas cognitivas em cada área, iremos analisá-las em separado:

1. *Adequação perceptivo-motriz:* Incluímos aqui aqueles comportamentos que se definem pelo nível de adequação na coordenação de esquemas, se trata de uma integração visuomotriz, conectada com a cópia gráfica, já da articulação audiofonadora, na relação com a aprendizagem da linguagem no aspecto da pronúncia. Por sua vez, na escrita dá-se uma supercoordenação daquelas adequações básicas. Para analisar o nível de adequação perceptivo-motriz, a prova, por excelência, é o Bender, as figuras complexas de Rey, os itens de cópia do Círculo Quadrado Losango, a memória de desenhos de Terman, o completamento de desenhos de Thurstone, etc. Os transtornos da articulação da linguagem aparecem

na expressão verbal do paciente, mas devem ser diagnosticados por uma fonoaudióloga, que nos dirá a localização e a razão da incompetência. Registramos, neste aspecto, a maturidade da adequação, as modalidades da execução, isto é, se foi lábil, rígida, entrecortada, repassada, etc.; as distorções, como, por exemplo, inversões, ângulos em estrela, regressões, etc., fazendo especial ênfase nos traços que podem acusar um quadro orgânico ou de confusão psicótica.

2. *Têmporo-espacial:* executiva ou de manipulação de áreas. Observamos aqui como o sujeito desloca e como articula formas em um espaço representado, estabelecendo relações de posição, de ordem próxima, topológicas, sempre na dimensão têmporo-espacial, caracterizada pela falta de reversibilidade de seus fenômenos, cujas transformações só serão compreendidas em um nível operativo. No entanto, esta operatividade equilibrante e reversível deve apoiar-se na regulação intuitiva e na descentração para a compreensão dos deslocamentos, mudanças cinéticas e rotações. Várias são as provas que medem a capacidade de situar-se no tempo e no espaço; no Terman, por exemplo, a do tabuleiro escavado, identificação de formas, repetição de dígitos, dobragem de papel, esquema corporal; no Wechsler, cubos e quebra-cabeças; no Thurstone a prova que mede o fator espacial, etc. Também podemos incluir neste aspecto as provas de ritmo através das séries de batidas com diferentes intervalos. As tarefas que estas provas impõem supõem uma correta organização imaginária do espaço e do transcurso e, dado que sua genética é preponderantemente acomodativa, podem influir nas perturbações orgânicas relacionadas à adequação motora.

3. *Causal, por compreensão a partir de estímulos gráficos e verbais.* Este aspecto contempla a passagem do estádio egocêntrico para a socialização, a qual, partindo de descentrações progressivas, permite à criança finalmente coordenar todos os pontos de vista possíveis sobre um fenômeno e determinar o fator comum a todos eles, o que constitui a causa eficiente ou a norma necessária da ação. A compreensão pode produzir-se a partir de situações dadas na realidade dos índices perceptivos, ou através de sinais, no caso de a situação ser verbalizada. Nesta, incide uma atitude semântica e, naquela, a capacidade de organização na leitura da experiência faz-se mais relevante. Encontramos um exemplo disto nos absurdos gráficos de Terman, enquanto que as provas de compreensão e de absurdos verbais apontam para a aplicação de uma causalidade expressa. Em segundo lugar, a adequação na expressão dos recursos sintáticos, como, por exemplo, as modalidades verbais para determinar o tempo e a condicionabilidade de uma ação. Provas que medem esta capacidade são as de aptidão verbal de Thurstone e as frases incompletas de Terman, nas quais se verifica o uso das conjunções, etc.
   Em terceiro lugar, observa-se o fator semântico que age mais no nível do significado, especialmente na construção dos paradigmas, isto é, as possibilidades de substituição de uma palavra, tais como sinônimos, antônimos, parônimos, definições. As provas de vocabulário são

as mais clássicas para determinar o nível semântico e, mais especificamente, as de classificação, como semelhanças, analogias, etc.

4. *Informação:* Trata-se do que comumente se chama de conhecimento ou de reserva de experiências sociais *(stockage)*. Tem muita influência nesta possibilidade a estimulação ambiental recebida pelo sujeito e sua abertura à realidade, isto é, seu interesse pela investigação. Cumprem com este objetivo a prova de informação de Wechsler, a prova de materiais de Terman e o questionário de Kent, entre outros.

5. *Quantificação e automatismo do cálculo:* Levamos em consideração aqui a possibilidade do sujeito de relacionar os objetos em função de magnitudes e números, desde a simples comparação até a operatividade numérica. Podemos considerar dois aspectos de certa forma independentes, que são: a compreensão das situações ou dos problemas nos quais estão presentes aquelas relações, com a determinação da índole da operação necessária para resolvê-la, e um segundo aspecto, referente à facilidade para calcular o que se relaciona com a flexibilidade na construção de automatismos. O Thurstone fatorializou os comportamentos quânticos que também aparecem no Weschler na resolução de problemas e, no Terman, em níveis pré-operatórios de recontagem.

As provas psicométricas permitirão elucidar até que ponto a disponibilidade dos processos cognitivos justificam as dificuldades do sujeito na aquisição através da aprendizagem. Resumimos a análise dos protocolos com os seguintes itens:

a) idade mental, quociente intelectual, percentil e escore segundo o baremo aplicado;
b) determinação do estádio de estruturação alcançado segundo a teoria genética;
c) análise da dispersão: aptidões, áreas compensadas, descompensadas, ou deterioradas. Determinação dos fatores de correlação entre as provas;
d) modalidades da atividade cognitiva.

PROVAS PROJETIVAS[5]

As provas projetivas, como seu nome indica, tratam de desvendar quais são as partes do sujeito depositadas nos objetos que aparecem como suportes da identificação e que mecanismos atuam diante de uma instrução que obriga o sujeito a representar-se situações estereotipadas e carregadas emotivamente.

Para o diagnóstico dos problemas de aprendizagem, interessa especialmente o exame dos conteúdos manifestos nos protocolos e sua relação com os sentimentos agressivos ou de medo associados às situações representadas. Entretanto, concentramos a atenção na eficácia e nas limitações dos recursos cognitivos empregados pelo

---

[5]Cf. bibliografia em J. Bell, *Técnicas proyectivas,* Paidós, Buenos Aires, 1971.

62 Sara Paín

paciente para organizar sua descarga emotiva, isto é, determinamos a solvência dos relatos e as grafias para conter e liberar os afetos que o estímulo desperta. Nesta perspectiva, registramos a peculiar modalidade com a qual a inteligência trata o objeto, o reconhece e o associa com sua experiência, o discrimina na sua própria legalidade e o utiliza convenientemente no ponto de coincidência com sua necessidade.

A instrução das provas projetivas impõe também ao paciente uma situação que terá de resolver através de uma construção na representação ou na fantasia, uma mais relacionada com a imagem, a outra com a assimilação simbólica, lúdica e verbalizada. Nesta resolução, deve equilibrar-se a ansiedade que o estímulo desperta e a instrução com o nível de realidade da situação proposta. As escotomizações, distorções, tergiversações e todo tipo de falha em relação ao estímulo pode considerar-se como uma ruptura na leitura da realidade por invasão da emoção; em resumo, nos dão a medida da labilidade do ego.

O exame das provas projetivas permitirá, em geral, avaliar a capacidade do pensamento para construir, no relato ou no desenho, uma organização suficientemente coerente e harmoniosa como para veicular e elaborar a emoção; também permitirá avaliar a deterioração que se produz no próprio pensamento quando o *quantum* emotivo resulta excessivo. O pensamento incoerente não é a negação do pensamento, ele fala ali mesmo onde se diz mal ou não se diz nada, e isto oferece a oportunidade de determinar a norma no incongruente e de saber como o sujeito ignora. Estes três níveis de análise são os que iremos resgatar dos três tipos de prova mais comuns: as que solicitam o desenho (árvore-casa-pessoa; Machover; família; casal, etc.) as que demandam um relato inspirado em lâminas (TAT, Phillipson, Roszezweig), ou nos relatos inconclusos (Duse, frases incompletas, etc.), e as que provocam uma escolha de objeto (desiderativo, associação livre, etc.).

Desenho da figura humana

Várias são as provas e técnicas que têm como instrução a execução gráfica do esquema corporal. Observamos, em primeiro lugar, que cada sujeito apresenta um "modelo" peculiar de configuração ao qual acrescenta os atributos que diferenciam o sexo, a idade e a tipologia. O modelo se organiza de acordo com as imagens e com a operatividade de que o sujeito é dotado para coordená-las em cada nível de sua evolução e, dentro deste marco genético, podem interpretar-se as desproporções, confusões, carências, etc.

O corpo é um instrumento de ação sobre o mundo e, quando o sujeito o desenha, representa este instrumento por esse meio. A criança desenha a si mesma sozinha porque é o seu corpo que ela desenha. Uma criança pode desenhar um olho vazio (o lugar do olho), um olhar, ou um olho enfeitado para "ser visto"; tal é a seqüência na evolução, mas o exame de protocolos demonstra a enorme dispersão que apresentam estes padrões depois de adquiridos.

Consideremos o exemplo mais simples da criança que desenha a figura humana com uma perna mais comprida que a outra. Poderíamos perguntar-nos se esta criança representou um capenga, se desenhou um homem com pernas diferentes ou se desenhou pernas sem prestar atenção ao comprimento. Temos uma idade em que tal disposição é normal, mas, depois, vamos preferir a hipótese de que a criança não assumiu a dimensão e a simetria, que tais fatores equilibrantes não entram na sua construção de imagens, e que, portanto, estas resultam incongruentes e empobrecidas.

Geralmente se interpreta que a criança representa o seu desequilíbrio desenhando uma perna mais comprida que a outra; melhor seria dizer que é o seu desequilíbrio o que se apresenta no seu desenho; ou melhor, é o desequilíbrio que desenha.

As grafias são as responsáveis pelo fato de a lógica do objeto (simetria, proporção, identidade) ser a mais deteriorada nos casos de um problema de aprendizagem, já que o sujeito não desenvolve justamente aquelas estruturas que lhe permitem coordenar a realidade. Na medida em que sabemos que o sujeito é possuidor destas estruturas, esta disfunção pode parecer um encobrimento, sendo que a criança que não aprende só esconde uma coisa, e esta coisa é que ela sabe.

Em outra ordem, a modalidade do desenho da figura humana permite avaliar os recursos simbólicos do sujeito para aludir a diferenças como criança/adulto; feminino/masculino; fada/bruxa, etc., o que revela o nível de sua adequação semiótica, cuja relação com a aprendizagem já tivemos oportunidade de enfatizar na ocasião em que analisamos a hora de jogo.

Relatos

Este tipo de provas tem como instrução criar uma história ou antecipar seu final. São oferecidos ao sujeito estímulos gráficos ou verbais que sugerem certas relações ou transformações viáveis. O sujeito percorre um dos caminhos insinuados trazendo elementos mais ou menos originais. As lâminas e os contos não são neutros, pelo contrário, apontam temas classicamente conflitivos, provocando defesas mais ou menos apropriadas.

Os problemas de aprendizagem caracterizam-se pelo pobre serviço que o pensamento presta à elaboração da situação e, reciprocamente, pela perturbação que o *quantum* de ansiedade que a prova desencadeia, provoca no pensamento. Desta forma, encontramos omissão e confusão de objetos ou de instâncias relevantes na situação apresentada. Está claro que o sujeito pode negar um objeto perigoso em particular, mas o sujeito que não aprende, toma sistematicamente um número muito restrito de objetos, ou então relaciona os objetos em pares, ou pretende assumir o todo em uma parte, pelo qual convém encontrar a significação desta miséria e não se limitar à pobreza de cada objeto não visualizado por si mesmo. Em resumo, no âmbito do inventário na lâmina, é preciso interpretar por que se escolhe aquilo que se escolhe, mas também, simplesmente, por que se escolhe e não se assumem todos ou a maioria dos elementos apresentados.

Também pode ocorrer que o relato esgote todas as instâncias expostas, passando em revista o que está presente, mas sem qualquer tipo de organização ou seqüência, como se o perigo estivesse na coordenação, na mistura que a fantasia possibilita. Entretanto, para que a fantasia seja perigosa, deve ser suscetível de transformar-se em realidade; uma fantasia muito bizarra não tem tanto risco. Assim, por exemplo, uma menina interrogada no TAT sobre por que dizia que havia um urso verde e outro azul, respondeu "porque não existem".

64 Sara Paín

Os problemas de integração se tornam evidentes nos sujeitos que dão várias possibilidades para cada caso, mas todas empobrecidas, apresentando-as como disjunções nas quais não tomam partido. Sua muleta é "poderia ser..." e constituem o tipo dos equilibrados de baixo nível, aos quais não interessa muito se um problema se resolve somando ou diminuindo; admitem a disjunção como se fosse uma identidade. Outros sujeitos que denotam uma atitude passiva e desprovida de afeto são os que respondem ao estímulo com um obstinado "não me lembro"; um deles, diante da lâmina 4 (senhora aparecendo em uma peça) foi questionado sobre o que era que ele não recordava, e respondeu: "o que esta senhora está procurando"; insistiu-se no sentido de saber se alguma vez "ela soube" e ele disse: "acho que não"; então ele foi incentivado para que pensasse qual poderia ser o objeto procurado, diante do que acabou dizendo: "são muitas coisas que podem ser procuradas, não posso dizer todas". Com isto ele quis dizer que não é possível determinar algo que não tenha sido experimentado, isto é, que a criação, como escolha, é impossível.

Desiderativo

A prova denominada de Desiderativo coloca outro tipo de problema teórico.

Não se trata de um relato. Solicita-se ao sujeito que escolha e rejeite em três níveis da realidade. De certa maneira, supõe-se uma hierarquização significativa (em catexia) dos elementos vegetais, animais e objetos. Por meio da própria instrução, conduz-se o sujeito a uma identificação na medida em que deve imaginar-se transformado em um elemento que ele escolhe. Embora algum traço chamativo dirija esta escolha, os demais não podem ser contraditórios com a mesma, que pode considerar-se também em função da simbologia profunda e universal do objeto escolhido, ou pela morfologia da própria palavra.

A situação de transformar-se, isto é, deixar de ser o que se é, pode ser ansiogênica em si, especialmente se o limite entre o real e o imaginário não é muito nítido. Os sujeitos em tais condições podem negar-se total ou parcialmente a identificar-se positivamente, podendo-se detectar sentimentos supersticiosos em tais atitudes. Se a falha resume-se aos objetos, podemos supor que as outras escolhas são facilitadas por fantasias animistas. Isto não é comum nos sujeitos com problemas de aprendizagem, os quais permitem que escolhas exteriores lhes sejam impostas, seja nomeando objetos que percebem na situação (janela, lápis, óculos) ou mostrando-se convencionais (rosa, porque é linda; cachorro, porque é fiel, etc.), evitando, em ambos os casos, atender às instruções. Também é freqüente que apareçam identificações impróprias, nas quais o sujeito não deixa de ser ele mesmo, pois permanece no motivo, quando responde, por exemplo, "rosa, porque eu gostaria de colocá-la em um vaso", ou "porque tem na minha casa".

Entretanto, para interpretar a identificação como tal é interessante se perguntar se trata de uma identificação no sentido de ser o objeto, ou possuir o objeto, como mecanismos para recuperar o objeto perdido. Desta forma, uma menina que disse que queria ser violeta, porque é humilde, pode recuperar no nível da norma moral, a própria mãe, que, por orgulho, corre o risco de perder; por outro lado, se um menino quer ser tigre porque é poderoso, seu desejo é ser potente como o pai.

Diagnóstico e tratamento dos problemas de aprendizagem **65**

A instrução que determina o objeto no qual a criança quer transformar-se obriga o sujeito a um julgamento negativo. Diz Freud, em *Psicanálise aplicada*,[6] que negar um julgamento é dizer que "é esta coisa que eu gostaria de reprimir", e, um pouco mais adiante, acrescenta: "além de atribuir e negar qualidades, o julgamento decide sobre a irrealidade ou existência externa dos objetos e, portanto, conduz do pensamento à ação". Devemos crer que o objeto no qual o sujeito não quer transformar-se simboliza aquilo que mais dificilmente domina e, portanto, aquilo que é, ao mesmo tempo, desejado. Entretanto, pode negar o desejo e, mesmo negando-o, apesar disto, não o destrói como objeto. Desta forma, o sujeito pode falar e conhecer sobre objetos pelos quais expressa nojo, desde que possa negar fervorosamente que lhe agradam.

As dificuldades, as falhas e os rodeios que os sujeitos com problemas de aprendizagem apresentam nesta prova indicam sua dificuldade para recuperar intelectualmente objetos perdidos e reprimidos.

Interessam especialmente para o diagnóstico do problema de aprendizagem os seguintes aspectos derivados das provas projetivas:

a) recursos simbólicos para a representação;
b) modalidade do inventário, organização e integração na fantasia;
c) perturbações da identidade e a negação.

PROVAS ESPECÍFICAS[7]

1. *De lateralidade*: Tem por objeto determinar o predomínio de um hemisfério cerebral sobre o outro na coordenação das ações, o que se estabelece verificando qual a mão, o pé e o olho preferidos para a execução de uma atividade, e comparando o rendimento obtido quanto à habilidade, à rapidez e à força com a extremidade direita e com a esquerda.

Existe numerosa bibliografia que apresenta pequenos exercícios que confirmam a predisposição lateral; apenas indicaremos alguns que resultam fáceis para administrar, com a única recomendação de contar com um cronômetro.

Predomínio do olho: a criança segura com os dois braços esticados um cartão de 15 por 10cm, furado no meio por um círculo de 1cm de diâ-

---

[6]S. Freud, *Obras completas*. Vol. II, Bibliografia Nueva, Madrid, 1968.

[7]Consultar sobre lateralidade: René Zazzo, *Manual para el examen psicológico delniíío*. Kapelusz, Buenos Aires, 1963, p. 3-27, 89-121; J. Ajuriaguerra e H. Hécaen, *Le cortex cérébral*, Masson, Paris, 1949, p. 158 e SS.; N. Galifret-Granson, "L'organisation spatiale dans les dyslexies d'évolution", *Enfance*, Paris, 1951-55, p. 450-456; A. Martinet, R. Kourilsky, H. Hécaen y P. Grapin, *Mano derecha y mano izquierda* (Norma y lateralidade, Proteo, Buenos Aires, 1971; A. Subirana, "La preferencia motriz de una mano y la dominancia hemisférica en la función del lenguaje", Med. Clin., 15/5, Madrid, 1950, p. 360-67; A. Subirana, "Los transtornos de la lateralidade en la infancia", *Cronicismos*, Madrid 11/3, 1958, p. 83-85.

metro. Solicita-se que "olhe pelo buraquinho". Repete-se a experiência três vezes.

Predomínio do pé: pede-se à criança que pule em um pé só; o pé predominante é aquele com o qual ela pula; confirma-se a lateralidade pedindo-lhe que chute. A adequação olho-pé é determinada fazendo de conta que se desenha no piso com o pé direito e logo depois com o pé esquerdo, as letras maiúsculas A e E; observa-se a habilidade da imitação em cada caso.

Predomínio da mão: solicita-se à criança distribuir 30 cartas em 3 montinhos. Anota-se a mão preferida, o sentido da atividade (se esta é realizada da esquerda para a direita ou da direita para a esquerda) e o tempo empregado; depois, realiza-se a mesma observação sobre a outra mão comparando-se os rendimentos. A adequação olho-mão, que interessa principalmente à lecto-escrita, comprova-se medindo os tempos e a direção na execução da instrução "une os pontos o mais rápido que puderes". Convém deixar um intervalo entre um e outro exercício.

mão esquerda	mão direita
_____	_____
_____	_____
mão direita	mão esquerda
_____	_____
_____	_____

Os três traços acima servem para amostra; o examinador evitará fazer qualquer gesto que privilegia uma direção determinada. Não é permitido deslizar o papel durante a prova, pois se trata de verificar se aparecem dificuldades associadas ao plano de execução.

Convém verificar a predominância com relação à mudança de direção, medindo os tempos e comparando-os com os rendimentos na execução de um traço contínuo no labirinto. A instrução é a seguinte: "Marca por dentro o caminho, o mais rápido possível e sem levantar o lápis do papel".

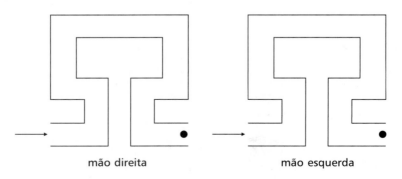

mão direita   mão esquerda

Diagnóstico e tratamento dos problemas de aprendizagem **67**

2. *De lecto-escrita*: Interessa determinar que tipo de dificuldade é a que predomina no fracasso da criança na aquisição da escrita e da leitura. Um exame do caderno nos permitirá saber se se trata de um problema ortográfico, se há queda de letras, ligações entre palavras, inversões, substituições sistemáticas de fonemas, etc. Aqui também a bibliografia é generosa quanto a exercícios que discriminam a índole da perturbação; para uma revisão bastante rápida, podemos aconselhar a administração dos seguintes itens:

a) Reconhecimento de letras e de fonemas: usam-se duas lâminas, uma escrita com letras de imprensa e outra com cursiva. Em ambas diz: *"ao passar pela casa, eu disse para ele até amanhã"*. O sujeito deve indicar onde diz ma, pa, sa, as, la, ao.

b) Geração de palavras (função analítico-sistemática). Com cartões para montar, constrói-se mamãe e papai, e solicita-se ao sujeito compor mapa. Constrói-se casa e mamãe; solicita-se maca, cama e saca, etc.

c) Compara-se o rendimento, na cópia, no ditado, na escrita espontânea e na leitura. Começa-se com a escrita espontânea e repete-se esta frase em outras circunstâncias.

Dentro deste esquema, convém adaptar o material segundo as dificuldades do paciente, com o objetivo de ir verificando se se trata de um problema de organização espacial, temporal, de coordenação fonoaudiológica, de alterações no reconhecimento simbólico e as diferentes formas de paralexia e paragrafia. Freqüentemente, é necessário arrecadar a opinião de um especialista em problemas de imagem, para descartar a localização cortical.

ANÁLISE DO AMBIENTE

Algumas instituições contam com um serviço de assistência social que, mesmo tendo poucos recursos para cumprir com a sua tarefa específica, dedica-se a servir de nexo entre o habitat onde se dá a vida do paciente e a própria instituição.

Por meio desse serviço, conseguimos uma descrição do ambiente geográfico do sujeito, as características do bairro, os serviços públicos e sanitários com que este conta, características da habitação, conforto, inserção da família no grupo habitacional, lugar onde o sujeito dorme, come, faz as lições, brinca ou trabalha, etc.

Outros aspectos da habitação nos permitirão avaliar o nível, a abertura e a ideologia cultural predominantes no lar. A higiene, o uso de utensílios, os enfeites, a biblioteca, as plantas, o cuidado com a conservação, a presença de cortinas ou divisórias, para isolar o casal, os motivos religiosos, os pôsters com figuras políticas ou de estrelas da moda, etc., permitirão confeccionar uma hierarquia de valores predominantes, vigentes.

É conveniente também conhecer o tipo de escola ou lugar de trabalho do paciente e determinar até que ponto estes continuam a modalidade do lar e compartem sua ideologia e em que aspectos não coincide com eles e significam um corte ou uma contradição.

No caso de não se contar com um assistente social, é conveniente acrescentar à história vital um questionário descritivo das condições materiais que cercam a criança e o aproveitamento que é feito dos recursos existentes. Neste aspecto, é necessário estabelecer o tipo de trabalho do pai e da mãe, o salário recebido e os serviços sociais a que a família tem direito; o tipo de habitação, o tipo de alimentação e assistência sanitária; banheiros e artefatos domésticos. Além disso, é conveniente observar como a família aproveita os recursos que tem, como conserva os bens e os esforços que realiza para providenciar sua melhoria.

Descrita a realidade social, é necessário discriminar a consciência que o grupo tem do contexto de sua inserção, porque dessa consciência depende intimamente o valor que assumirá a aprendizagem e o significado atribuído a sua carência. Entendemos por "consciência", a compreensão que o sujeito tem de seu "estar no mundo" e as causas às quais atribui as diferenças entre seu destino e o dos demais. Por isto, não é suficiente situar o sujeito em uma classe, de acordo com sua relação com a produção de bens, dizer que pertence à classe operária, por exemplo, pois sua pertinência pode adotar a forma da submissão, da traição ou de rebeldia.

Isto está muito relacionado à seleção que o sujeito faz, dentro da disponibilidade cultural a que tem acesso pela sua situação social. Uma coisa é poder ou não poder possuir um objeto chamado rádio, e, outra, mover o *dial* para escolher um programa. Tal escolha está limitada, em primeiro lugar, pela natureza das emissoras oferecidas, em um dado momento, pela comunidade, entre o código da emissão e o código do sujeito; finalmente, na medida em que responde a suas necessidades e interesses, estes últimos criados, em parte, pelo próprio sistema cultural. Desta maneira, um questionário sobre as preferências culturais nos permite realizar um inventário inclusive dos diferentes aspectos internos e externos que constituem a abertura educativa.

Da observação das condições ambientais nas quais se desenvolve a vida do paciente, extraímos conclusões sobre os seguintes itens fundamentais:

a) condições socioeconômicas;
b) aproveitamento de recursos;
c) ideologia.

DIAGNÓSTICO E ORIENTAÇÃO TERAPÊUTICA

6

HIPÓTESE DIAGNÓSTICA[1]

Uma vez recolhida toda a informação e resumidos os diferentes aspectos que interessam a cada área investigada, é necessário avaliar o peso de cada fator na ocorrência do transtorno da aprendizagem.

Diagnosticar o não-aprender como sintoma consiste em encontrar sua funcionalidade, isto é, sua articulação na situação integrada pelo paciente e seus pais. A oligotimia é, antes de mais nada, um lugar que o sujeito pode vir a ocupar, tornando possível a existência de uma estrutura equilibrada na qual sua própria existência torna-se possível. A falta de aprendizagem revelará seu significado se prestamos atenção à maneira como o sujeito é para o outro – evidentemente, a partir de sua maneira particular de ser como organismo e como história. Desta forma, o eixo do diagnóstico será a articulação do sintoma, o sentido da ignorância no triângulo edípico.

Se convirmos em que a carência de aprendizagem cumpre uma função reguladora em certos tipos de interrelações, a demanda de ajuda e de esclarecimento indica que alguma coisa desequilibrou-se e que o contrato estabelecido tacitamente corre o risco de ser invalidado. O paciente então consulta o especialista, mas, como na "Carta Roubada", talvez supõe que o psicólogo é um bobo que pode ser enganado com pistas falsas e verdades ocultas no óbvio. Com isto, não excluímos a disposição positiva que existe no grupo para encontrar outra possibilidade de convivência e para aceitar uma mudança que permita ao paciente aprender, devolvendo ao grupo o prestígio perdido. As duas tentativas mantêm-se simultânea e mutuamente, e o psicólogo deve desdobrar todas as suas habilidades detetivescas para discriminar as pautas verdadeiras das pistas falsas.

Isto torna-se mais claro quando se tenta diferenciar entre oligofrenia e oligotimia. A primeira é básica, de origem orgânica e irreversível; a segunda é motivada e, até certo ponto, suscetível de cura. Entretanto, na descrição do problema, os pais parecem defender-se de ambos os diagnósticos e tentam convencer-nos de que, no primeiro caso, "a menina é inteligente mas, cheia de manhas", ou "é viva, lembra das coisas melhor que eu", ou então, "se você visse como ela canta as propagandas da TV!"; e no segundo caso, que "tem muito boa

---

[1]Cf. J. Ajuriaguerra, *La elección terapéutica en psiquiatría infantil*, Toray-Masson, Barcelona, 1953.

vontade, mas não consegue", ou que "não foi feita para os números", ou ainda, "no início, eu batia nela, mas agora já percebi que não vale a pena", etc. Se a aparência engana, engana mais ainda a aparência da aparência; assim, uma mãe confusa e verborréica, que confessa em dado momento que ela "viveu equivocada", em outro momento nos afirma sua única verdade, que "o atraso da criança é seu castigo". Nos dedicamos, então, a provar que é o sentimento de culpa (criado, e não real) o que a faz precisar de uma criança deficitária; a mãe se deixa confortar, mas a hipótese não se confirma, e a criança apresenta um quadro de oligofrenia primária e genética; quando lhe devolvemos o diagnóstico, chora e repete: "não posso acreditar, não posso acreditar".

Entretanto, estamos aqui apenas no sentido de buscar o para que do sintoma, aspecto sobre o qual nos forneceu dados o "motivo da consulta", a história vital da criança, sua própria imagem da doença e as expectativas de cura. Necessitamos ainda descobrir o por que e o como do problema de aprendizagem. O por que refere-se às condições que tornaram possível a escolha exata desta sintomatologia e ao fato de o sujeito não poder defender-se e de aceitar o papel que lhe foi atribuído. Desta forma, muitas vezes ouvimos dizer que a superproteção materna é causa de dependência e, portanto, de perturbação na aprendizagem; isto é supor que a criança não tem nenhuma defesa pessoal para resistir ou para impor-se, o que vem contradizer-se com a experiência cotidiana de uma criança sadia, que insiste energicamente em experimentar o uso de todos os instrumentos e em exercitar todas as possibilidades de sua curiosidade. A criança com problemas de aprendizagem desistiu desses direitos, e isto não se explica, embora se justifique, a partir da articulação do sintoma.

Dois aspectos incidem na criação das condições do não-aprender, um ligado à constituição orgânica e outro derivado de sua história pessoal. Se o sujeito formal se constitui na imagem do espelho, as partes integradas são valorizadas pelo serviço que prestam, pelo desdobramento de potencialidades que se realizam por seu intermédio e que completam aquela imagem outorgando-lhe seu poder. A realidade desse instrumento chamado corpo é verificado pela criança através daquilo que ela pode e pelo que ela não pode fazer no sentido do que lhe está permitido. O organismo é possibilidade, mas também limite; o limite produz dependência caso não seja compensado adequadamente em outros níveis da competência.

O segundo aspecto engrena a articulação do sintoma, que aparece como uma estrutura, no processo que constitui a história individual do paciente. Esta história compõe-se de acontecimentos malfadados, aleatórios, que podem resumir-se muito bem com o termo "providência", com ou sem a conotação religiosa que costuma caracterizá-lo. Poderíamos dizer que, na história do sujeito, coincide o previsto, isto é, os determinantes infra e superestruturais do desenvolvimento de um sujeito, e o provisto pela singular seqüência de experiências pessoais. Entre estas, encontramos aquelas que justificam uma descompensação tal que possa facilitar o comportamento de não-aprender, transformando-o em perigoso ou inconveniente.

Finalmente, nossa atenção recai sobre o como do problema de aprendizagem, isto é, sobre a modalidade peculiar através da qual o pensamento inibe sua

Diagnóstico e tratamento dos problemas de aprendizagem **71**

função ou a tergiversa com comportamentos cognitivos confusos ou lábeis. Será diferente se a descompensação se dá no nível da execução ou da verbalização; se ataca preferentemente os processos mnêmicos ou se se mostra incompetente no estabelecimento de relações ou de classes; se produz distorções ou empobrecimento no pensamento inteligente. Cada uma destas modalidades é significante de um efeito diferente e, como tal, pode atribuir-se à função de articulação, sempre com a justificativa do nível condicionante.

Vejamos, para fins de comparação, dois casos de adoção, entre 8 e 9 anos e de sexo feminino, ambos com encobrimento de informação às crianças. No primeiro caso, logo após adotar a menina, "e como o doutor predisse", a mãe teve dois filhos gestados por ela. O casal considerava a filha adotiva como causa da posterior maternidade, como se, através de toda a dramatização ou simulação, tivessem se "acostumado com a idéia". O pai considerava que dizer a verdade era "perder o respeito pela menina, que tanto fez por nós". O casal discriminava esta menina como "a mais querida", "a mais apegada à mãe, porque os demais são guris" e "mesmo feinha e de poucas luzes, muito serviçal". No aspecto cognitivo, a paciente apresentou perturbações no jogo e no relato projetivo, permanecendo no nível do inventário, com escolhas de objeto completamente convencionais. Suficiente no nível da cópia gráfica, demonstrou pobreza na integração do esquema corporal, sem se utilizar de recursos figurativos. No nível verbal, obteve rendimento paupérrimo em atividades de classificação e de seriação; e, mesmo tendo suficiente compreensão de situações e de informação, não pôde superar os absurdos gráficos não verbais. Quando não sabia responder, explicava "isto não me foi ensinado", "isto eu nunca tinha feito", indicando que só podia transitar pelo caminho que lhe tinham traçado (fantasia confirmada no CAT, onde os "aventureiros" se perdiam).

No outro caso, a menina era única, embora, na prática, convivesse com primos maiores do que ela. Os pais "acreditavam" que a mulher tinha "útero infantil", mas "a verdade é que nunca quisemos investigar muito ... se não fosse a vontade de Deus ... nunca nos cuidamos ... (mãe)", e "esta menina, na verdade, veio nos completar; com saúde, queridinha, é o mimo de todos (pai)". Não entenderam quando foram questionados sobre o que pensavam quanto a possibilidade de informar à menina, e responderam como se a pergunta tivesse referência aos cuidados tomados para que ela não soubesse: "nenhuma possibilidade, fizemos tudo legalmente, a registramos como nossa; minha mulher até baixou no hospital (pai)". A paciente demonstrou uma exuberante fantasia que lhe permitiu organizar um jogo, cuja confusão progressiva evitou toda a possível integração, e identificou-se positivamente com objetos decorativos e pletóricos, reprimindo tudo que fosse viscoso e sujo. A aprendizagem sistemática foi quase nula, com pontuações mínimas em informação e aritmética. Não apresentou qualquer estratégia nas provas executivas, atuando por ensaio e erro, e sua produção em lecto-escrita foi confusa, atribulada e instável. Apresentou uma compreensão pobre, persistindo as explicações egocêntricas.

Em ambos os casos, era necessária a ignorância para guardar segredos mais profundos que a simples adoção, como, por exemplo, a impotência, a transgressão

72 Sara Paín

à lei, etc. Mas, enquanto no primeiro caso a proteção estava emoldurada por aquilo já provado, no segundo, o terreno seguro era a fantasia, onde se desenvolviam as verdades que não se podiam assumir. Em parte porque a primeira adoção provocou uma fecundidade real e, a segunda porque estabilizou-se como ilusão.

DEVOLUÇÃO DIAGNÓSTICA

Na realidade, podemos considerar que o tratamento começa com a primeira entrevista diagnóstica, já que o enfrentamento do paciente com sua própria realidade, realidade esta que provavelmente nunca precisou se organizar em forma de discurso, obriga-o a uma série de aproximações, de avanços e de retrocessos mobilizadores de um conjunto de sentimentos contraditórios. Os poucos assinalamentos realizados pelo psicólogo para orientar o motivo de consulta e a história vital, bem como as perguntas destinadas a confirmar ou a descartar hipóteses plausíveis, chegam a ser, para o paciente, descobertas deslumbrantes e desencadeadoras de uma série de lembranças e de esquecimentos injustificáveis.

No transcurso das provas psicométricas e projetivas, o sujeito vê a si mesmo em seu cenário, em seus gestos, em suas virtudes e defeitos, em sua carência e sua potência, com o relevo que a perspectiva confere à imagem. Entretanto, talvez o momento mais importante desta aprendizagem seja a entrevista dedicada à devolução do diagnóstico, entrevista que se realiza primeiramente com o sujeito e depois com os pais (quando se trata de uma criança, é claro); para o contrato, pode realizar-se uma entrevista conjunta. A tarefa psicopedagógica começa justamente aqui, na medida em que se trata de ensinar o diagnóstico, no sentido de tomar consciência da situação e de providenciar sua transformação. Até não ficarem estabelecidos a função do não-aprender, a ideologia que lhe dá sentido, e os fatores intervenientes que a possibilitam, ao menos explicitamente, e tudo isto não for assumido pelo grupo, bem como as condições do paciente não estiverem dadas, não será possível realizar um contrato de tratamento.

Aquilo que mais nos ajuda como material na devolução é aquilo que foi expresso no motivo de consulta, de cuja textualidade se lançará mão, se necessário. Explícita-se, então, como disseram, o que disseram e o que não disseram, em função dos dados recolhidos sobre o paciente. Tomaremos, para fins de ilustração, um caso de quase 7 anos, do sexo masculino, cujo diagnóstico baseava-se na hipótese de um contrato realizado entre o pai e o filho primogênito para ambos conservarem-se infantis, diante da mãe onipotente e alimentadora. O pai delegou, desta forma, sua função de marido para assumir a de filho, constituindo-se no irmão brincalhão. A condição do contrato era o não-crescimento do paciente. Os condicionantes fundamentais foram o nascimento de um irmão (vivaz, mas "terrível") concomitante com a morte do avô materno, quando o paciente tinha 3 anos, e a posse de um porte muito pequeno para sua idade, ainda que muito ágil. Verificou-se predominância lateral esquerda para o pé e a mão. Apresentava, no nível cognitivo, dificuldade no estabelecimento de seqüências, tanto representadas como causais, e seu rendimento era limítrofe, em um nível de descentração intuitiva, com esporádicas

Diagnóstico e tratamento dos problemas de aprendizagem **73**

tentativas de estruturação reversível. Entretanto, seu quociente de desenvolvimento tinha sido completamente normal, com predominância da acomodação sobre a assimilação, o que aparecia, contemporaneamente, na atividade lúdica convencional e no nível de simples exercício de inventário.

Na entrevista de devolução com a criança, perguntou-se a ela quantos anos queria ter, e disse: "5"; dissemos-lhe que era essa efetivamente a idade que havia apresentado nas provas e que sua vontade de ser pequena estava presente nas suas respostas do CAT. Na ocasião da aplicação desta prova, disse que "se afasta da mamãe e se perde ... e depois volta grande e ninguém o reconhece ... (porque) tinha crescido". Daqui tiramos duas conclusões: uma sobre as suas dificuldades para compreender as mudanças e outra sobre o fato de que poderia ser ignorado se crescesse.

Na entrevista com os pais, a identificação, evidente na afirmação do pai na sessão de motivo da consulta, "eu também fui de 7 meses e não vá pensar que eu me saí muito bem na escola", ficou recalcada, mas ele admitiu que, quando nasceu o menino, "eu diminuí como homem, e minha mulher ficou mais mãe do que outra coisa". Dali em diante, foi fácil descrever a situação que fora construída e incluir o filho menor no grupo, o qual, descrito como agressivo, era, na realidade, o que recebia agressão do irmão e do pai, na forma de marginalização. A mãe se virava no cumprimento do papel assumido: "que eles se virem entre eles, eu tenho bastante com as coisas da casa e com servi-los o dia todo". Quando se tentou colocar outra possibilidade, fantasiou: "veja o que acontece com as atrizes, todas loucas". Na dissociação entre servir e enlouquecer, a mulher definiu sua possibilidade social segundo o esquema televisivo. Tratou-se de que assumisse sua responsabilidade no "acerto entre eles", tanto como em sua passiva servidão.

Dada a mobilidade e o interesse demonstrado pelos membros do grupo familiar, foi realizada uma terapia breve, com sessões durante as quais se esclareceram a maioria dos malentendidos que viciavam as relações; posteriormente, teve início o tratamento psicopedagógico, que atualmente é realizado com uma sessão semanal, depois de quase um ano com três sessões semanais. Apesar de ter conseguido superar a oligotimia e de ter obtido um excelente rendimento escolar, o objetivo de autovalorização merece ainda nossa atenção.

TRATAMENTO E CONTRATO

Uma vez concluído o diagnóstico e vista a capacidade de mobilização do paciente e do grupo familiar, é necessário determinar que tratamento é mais conveniente para o problema colocado. Diremos que, em geral, o tratamento psicopedagógico é o mais indicado no caso de tratar-se de um transtorno na aprendizagem. Entendemos como tal o quadro multifatorial com articulação precisa na disfunção da inteligência, isto é, quando este fato é significante, e não um efeito secundário da neurose. De fato, uma neurose de angústia ou, mais freqüentemente, uma neurose obsessiva descompensada, pode acarretar a diminuição da capacidade cognitiva e provocar perturbações inclusive no nível da adequação percepto-motora; mas esta perturbação, embora sugira uma neurose, não a constitui; entretanto, se essa perturbação pode ser definida como uma maneira que o sujeito tem para inserir-se em uma situação peculiar que constitui sua realidade, trata-se de um problema de aprendizagem, e pode tratar-se como tal.

Nem sempre é fácil determinar o sentido do problema de aprendizagem no quadro total, e nem a opção terapêutica é tão clara. De todas as formas, o importante é destacar a inconveniência de iniciar os dois tratamentos simultaneamente, pois a diferença do enquadramento só pode criar confusão no sujeito, exigido por duas tentativas simultâneas, uma de regressão e outra de desempenho. Tratando-se de uma criança, isto é, de um ser em evolução, a superação do sintoma tem um caráter de urgência, na medida em que está em jogo seu próprio destino, já que a parada no desenvolvimento produz deteriorações muitas vezes irrecuperáveis. O tratamento psicoterapêutico costuma retardar a superação do aspecto cognitivo e freqüentemente atendemos consultas de crianças com 2 ou 3 anos de psicanálise que, tendo apresentado enormes progressos no nível da comunicação, por exemplo, não modificaram sua dependência na aprendizagem.

A estratégia é básica: se não é possível avançar, então se regride, pelo menos até o ponto onde for possível reabastecer-se. Portanto, nos casos de fobias estruturadas, de autismos ou de estados confusionais, impõe-se uma psicoterapia profunda e intensiva como primeira medida, até que a criança aceite a existência da realidade que deve aprender. Entretanto, nas psicoses oligotímicas convém construir certos esquemas de compreensão, ainda que sejam estereotipados, com o objetivo de abrir caminho à interpretação, que, caso contrário, ricocheteia por falta de assimilação. Aqui não se trata de um problema de escolha, e sim de prioridade. De todas as formas, mesmo tendo empreendido um tratamento psicopedagógico, convém, antes da alta, que a criança ingresse em um grupo terapêutico psicodramático a fim de evitar a aparição de outros sintomas e de fortificar as aquisições realizadas a partir de outra perspectiva.

A orientação do tratamento não é simplesmente uma opção de conveniência técnica ou psicológica. O psicólogo deve levar em consideração a viabilidade do tratamento em relação aos determinantes econômicos e sócio-culturais que afetam o sujeito, e sua eficácia para integrá-lo, não em uma situação ideal, mas naquela mesma realidade que instaurou seu déficit. É necessário que o psicólogo tenha consciência e que considere como parte de sua tarefa conscientizar o paciente e sua família sobre o fato de que a mesma sociedade, real ou internalizada, que reprova o comportamento do sujeito, é a que, em grande medida, o provocou, mostrando, entretanto, aquilo que é apenas um efeito, como causa ou agente; agindo assim, a sociedade só oferece sua solução como favor e o faz de maneira onerosa e parcial.

Fundamentalmente, a existência da psicopedagogia implica o fracasso da pedagogia. De fato, uma educação profilática desde a lactância evitaria a maioria dos problemas de aprendizagem, mas essa educação precisa inserir-se em uma realidade onde não seja exceção ou paliativo, e sim modalidade de transmissão da cultura. Enquanto instrumento de poder, esse processo tem uma missão alienante, na qual a doença assume um sentido de denúncia, da mesma maneira que a favela acusa o capitalismo.

Porém, esta denúncia é, no sujeito, renúncia. O tratamento aponta para ambas, no sentido de não ficar só na manipulação técnica do indivíduo, a fim de reparar seu maquinário pensante para que possa se adequar melhor à correnteza da sociedade e de promover nele um máximo de independência e autovalorização, bem como a realização de uma sociedade na qual seu problema não seja possível.

O tratamento psicopedagógico adquire sentido na ação institucional. Isto permite uma rápida orientação destinada aos pais, seja para seu ingresso em um grupo, seja para uma terapia familiar ou de casal; garante um bom controle do aspecto orgânico e neurológico; oferece a possibilidade de diálogo quando o paciente recebe mais de uma atenção e assegura a complementação integrada de outras técnicas pedagógicas, sejam elas expressivas, ocupacionais, etc. Permite especialmente consolidar uma boa equipe de trabalho na qual se verifique a teoria e as técnicas sobre a base de um intercâmbio de experiências, na qual possa haver especializações quanto à programação e à informação, na qual possa confeccionar-se material comum de estimulação e, por fim, na qual novos profissionais possam aprender a adquirir prática.

TRATAMENTO

7

ENQUADRAMENTO

A tarefa psicopedagógica tem um enquadramento próprio que possibilita solucionar rapidamente os efeitos mais nocivos do sintoma para, logo depois, dedicar-se a afiançar os recursos cognitivos. Consideraremos os aspectos mais importantes.

1. *É sintomático*: O tratamento centra-se no ponto de urgência do paciente que é não poder integrar os objetos de conhecimento. Essa dificuldade está comprometida em uma situação mais complexa, da qual resulta ser uma articulação privilegiada. Os diferentes elementos ingressam relacionados com a aprendizagem, de modo que faz-se necessário mobilizá-los, mas é este processo o fio condutor.
Diz Freud que o que resta da doença depois da desaparição do sintoma é apenas a disposição para formar novos sintomas; entretanto, quando se trata da aprendizagem e das atividades cognitivas, o reforço destas deixa o sujeito em uma melhor disposição para elaborar seu trauma, caso se submeta a uma psicanálise, e para encontrar vias de satisfação e de sublimação na sua vida cotidiana, tal como se expressa Freud no mesmo texto (*Introdução à psicanálise, teoria sexual*). De fato, o tratamento tende a reforçar aquelas vias que "levam a satisfações substitutivas" das demandas instintuais, "afrouxando-se os vínculos com os fins instintuais originais" (*Esquema de psicanálise*, 1910).
A resposta do meio do sujeito que não aprende é uma imagem excessivamente desvalorizada de si mesmo. A sociedade e a instituição não fazem cargo deste problema, e o paciente resulta marginalizado. Embora, às vezes, seja exatamente este o "efeito inconscientemente buscado, a imagem que provoca, redunda dialeticamente no deterioramento do sujeito que deve assumi-la. No tratamento psicopedagógico, procura-se devolver ao sujeito a dimensão de seu poder (poder escrever, poder saber, poder fazer), para que dê crédito às potencialidades de seu ego (*yo*).
Em nossa experiência, não tem havido deslocamento de sintomas, ao menos não de maneira notória; pelo contrário, a confiança conquista-

78 Sara Paín

da no exercício da aprendizagem diminuiu em muitos casos comportamentos fóbicos (medo do escuro, da solidão, de andar só na rua, etc.) e obsessivos (ordem excessiva, rituais), melhorando em alto grau a utilização de linguagem e do corpo na expressão de suas próprias experiências.

2. *É situacional*: Isto quer dizer que baseamo-nos quase exclusivamente naquilo que ocorre na sessão. Mas não como no caso do aqui e agora psicanalítico que refere o atual-explícito ao atual-implícito, em que o sujeito pode ser o ego bebê (*yo*-bebé) que demanda o terapeuta-mãe. Nossa tarefa será justamente salientar os enquadramentos reais, para que fique claro que o psicólogo não é exatamente uma mamãe e que é possível tentar com ele um novo tipo de relação.

O aspecto fundamental, neste caso, não recai sobre a relação transferencial, que o psicopedagogo sempre levará em consideração, ainda que não a explicite, a não ser que perturbe a tarefa e que esteja tão evidente que precise apenas de uma confirmação verbal para ser assumida. Isto pode ocorrer quando alguma fantasia do paciente vê-se confrontada pela realidade, como, por exemplo, se descobre que temos nossos próprios filhos ou quando nos acontece um acidente. Estas situações são tomadas como oportunidades de aprendizagem, no sentido de que a criança pode aproximar-se mais de nossa realidade, e não nos tomar como objetos de sua necessidade; para isto, é necessário trabalhar os comportamentos apresentados pela criança no sentido de não nos conhecer tal como somos.

O fundamental dos assinalamentos recai sobre o sentido da operação omitida ou, então, sobre a operação errada, que o sujeito sugere para resolução da tarefa, promovendo a construção de esquemas úteis e econômicos que sirvam para ler a realidade e transformá-la. No caso de o sujeito trazer para sessão outro tipo de tarefas ou de problemas, pode ocorrer que realmente estes sejam prioritários, e também podem ser desculpas para evitar o exercício. De qualquer forma, estes são retomados como temas de aprendizagem, resgatando-se sua urgência ou sua função. Assim, uma criança com dificuldades para ler tem como tarefa ler uma pequena estória; diz que será melhor ler outra, "o ursinho travesso", que ela sabe de cor. Aceitamos sua proposta, com a finalidade de que note a diferença entre memória e aprendizagem, e resgatamos a primeira, fazendo-a identificar as palavras conhecidas em um contexto, em outro contexto onde intervém; evitamos, com isto qualquer sentimento de perda, junto com a satisfação do exercício.

A intervenção, no nível do significante, pode ser feita em psicopedagogia apenas quanto à redundância, isto é, quando são várias as rupturas que permitem situar o lugar da articulação. Assim, em "O *sujeito por fim questionado*" Lacan afirma: "o sintoma não se interpreta a não ser na ordem do significante; o significante não tem sentido a não ser na sua relação com outro significante; nesta articulação reside a verdade do sintoma". O desencadeamento dos significantes, isto é, seu desligamento da cadeia, tem para o tratamento psicopedagógico uma importância dupla; em primeiro lugar, dar evidência ao sujeito sobre seu próprio funcionamento e, em segundo lugar, liberar a energia associada ao contrato significativo.

3. *É operativo*: No tratamento psicopedagógico a relação é feita principalmente em torno de uma tarefa precisa e concreta. Esta se evidencia para a criança por meio de uma instrução que inclui uma orientação sobre a atividade a ser desenvolvida e o objeto que esta atividade supõe para o tratamento em si. Desta maneira, tenta explicitar por que e para que é o exercício que deve resolver. Fica, ainda, por analisar o como da resolução e, em caso extremo, o porquê de seu fracasso.

   Tomemos o exemplo de uma criança de 9 anos, à qual dá-se a instrução de "aprender a distribuir, um jogo de baralho no qual supõe-se três jogadores: João, Pedro e José". A criança distribui um total de 31 cartas, e perguntamos a ela quantas tem João; ele as conta e responde que tem 7; perguntamos quantas tem Pedro e volta a contar; por último, perguntamos quantas tem José e a criança não vê maneira de antecipar esse número; é então estimulada para que dê as cartas novamente, descrevendo em voz alta os efeitos de sua ação da seguinte maneira: uma para João, etc. Assim, são distribuídas 3, 6 e 9 cartas até que o mecanismo da distribuição faz-se evidente em relação à identidade dos conjuntos resultantes. Vejamos como encaramos a operação quando a perturbação não está centrada na tarefa, e sim na atitude. Tomemos o caso de um menino de 7 anos do tipo "não sei". A tarefa consiste em poder calcular diferenças de idade e, para tanto, tomamos as idades dos membros da família da criança. Primeira dificuldade: a criança não se lembra da idade da mãe, nem se atreve a aventurar uma possibilidade; trabalhamos sobre esta última da seguinte maneira:

   - "Tua mãe é menor, maior ou igual a ti?
   - (Sorri) Minha mãe é grande, maior que meu irmão, é uma grande.
   - E que idade tem os grandes?
   - Mais do que 20, a gente já é grande, mas minha mãe deve ter mais que 30.
   - Muito mais que 30, ou um pouco mais que 30?
   - Não sei.
   - Tua mamãe é velhinha?
   - Não! Essa é minha vovozinha; minha mãe é quase jovem, de uns 40 anos.
   - Vai lá e pergunta pra ela (o menino sai e volta).
   - (Triunfante) Ela tem 41, por pouco eu acerto.
   - Vamos pensar agora na idade do teu pai ... "

Não é necessário mostrar ao paciente como ele conta com elementos para realizar uma operação, nem mesmo quando isto se tornou muito evidente; basta dar-lhe a oportunidade de uma nova aplicação. De qualquer forma, ao participar da satisfação da criança em função de seu êxito, este assume a conclusão. No entanto, às vezes vale a pena levar a criança a certa reflexão sobre as transformações que opera:

– Tu achas que agora vais te lembrar da idade da tua mãe e do teu pai?
– Sim, agora sim ... prestei mais atenção ... foi visto de várias maneiras".

Depois de poucas sessões, este menino desenhou um sonho, no qual apareciam uns velhinhos muito velhinhos (simbolizados por óculos e bengalas), os quais – no sonho – ele tentava reconhecer e não conseguia. Isto levou a uma série de esclarecimentos sobre o envelhecimento e apareceu o temor da criança de que seus pais fossem "à ruína" antes de que ele pudesse crescer o suficiente.

A fim de entender melhor o nível operativo de nossa tarefa, vamos dar outro exemplo, um caso de disortografia no qual dominava uma falta de acomodação desde o nível da formação de imagens. À paciente não interessava absolutamente se uma palavra se escrevia com "s" ou com "z". Falando sobre este tema dissera que era absurdo que não houvesse um só signo para cada pronúncia. Recorremos a interessá-la na origem histórica de cada palavra e, embora a origem dos vocábulos a interessasse vivamente, continuava parecendo-lhe injusto o respeito à tradição. Em vista de a menina possuir certa razão, fizemos-lhe uma concessão, e os exercícios relativos à ortografia foram interrompidos, na medida em que este era um problema que não colocava em risco sua escolaridade. Quando outras dificuldades mais urgentes foram superadas, especialmente as de mecanização do cálculo, vinculadas nesta menina de modo arbitrário, ela própria solicitou rever "o assunto dos erros", que, de todos os modos, tinham já diminuído de forma notória.

Desta forma, garante-se ao sujeito as melhores condições para que aprenda e, com este cuidado, permite-se a ele viver uma experiência de aprendizagem desprovida de perigo. À medida que as situações da tarefa são resolvidas, pontuam-se as operações que são úteis e assinalam-se as resistências ou impedimentos que obstaculizam uma correta resolução. Quando nos referimos a assinalar, queremos dizer marcar as situações de maneira a reconhecê-las na interação e transformá-las em estrutura na redundância, pois a modificação pode acontecer sobre a estrutura.

OBJETIVOS

Os objetivos básicos do tratamento psicopedagógico são, obviamente, a desaparição do sintoma e a possibilidade para o sujeito de aprender normalmente ou, ao menos, no nível mais alto que suas condições orgânicas, constitucionais e pessoais lhe permitam. Entretanto, a aprendizagem não é uma função saudável

Diagnóstico e tratamento dos problemas de aprendizagem **81**

em si; com isto queremos dizer que não basta aprender para aprender bem: é necessário pôr ênfase em como se aprende a definir a aprendizagem pelos seus objetivos ideológicos, que resumiremos em três fundamentais:

1. Em primeiro lugar o objetivo do tratamento é conseguir uma aprendizagem que seja uma realização para o sujeito. Este termo resume o processo pelo qual um indivíduo se transforma em uma realidade, e isto por meio de duas instâncias complementares, uma enquanto alcança sua identidade nas suas capacidades e, outra, enquanto compreende a si mesmo como articulação de uma sociedade que se transforma. É verdade que "a liberdade é consciência da necessidade", mas a capacidade de exercê-la radica na consciência de poder, e este se verifica no exercício. Por isto, ao explicitar nitidamente os fins de cada ensino, e ao relevar os recursos desdobrados pelo sujeito para superar a situação colocada pelo estímulo, tentamos que fiquem definidos para o sujeito os limites justos de suas possibilidades. Nossa intenção é que, ao terminar uma sessão na qual o sujeito exercitou, digamos, a multiplicação do cinco, não conclua simplesmente dizendo "hoje aprendi a multiplicar por cinco", mas que saia dizendo "eu sou o que sabe multiplicar por cinco".
Entretanto, este poder é inútil se o sujeito não compreende também que mundo é aquele no qual vale a pena multiplicar por cinco, se ele não entende que transformações possibilitam o cálculo, se os problemas que se resolvem por seu intermédio lhe são alheios. Não nos referimos aqui exclusivamente aos problemas cotidianos que preocupam os que cultuam a escola ativa, mas também aos problemas teóricos, dos próprios interrogantes do conhecimento. Neste nível, o sujeito se realiza na medida em que é capaz de perguntar, de colocar-se alternativas e, finalmente, propor.
Em *Totem e Tabu,* descreve-se como evolui o sujeito desde a fantástica onipotência do animismo até a resignação diante da necessidade e da morte, que só a ciência pode elaborar, passando por uma etapa na qual a onipotência está colocada fora, isto é, a das religiões. Também Platão parte do animismo egocentrista para uma socialização, possibilitada por operações capazes de organizar as perspectivas possíveis em um só objeto ou causa suficiente, passando, então, por uma etapa intermediária de concentração na qual se alternam, sucessivamente, o ponto de vista próprio e o alheio. Resignação e integração são duas caras do mesmo processo de realização, na medida em que o sujeito pode resignar-se quando compreende e sistematiza, mas necessita certa resignação, certa conformidade com a realidade, para despedir-se dos prazeres da fantasia.
2. Em segundo lugar, o objetivo do tratamento é conseguir uma aprendizagem independente por parte do sujeito. Já dissemos que tal enquadre psicopedagógico reforça o vínculo do paciente com a tarefa, e não com o psicólogo, o qual configura-se como testemunha do processo. No entanto, às vezes por ser inevitável e outras por ser desejá-

vel, estabelece-se no início do tratamento uma dependência muito forte, que precisa ceder antes da aquisição de novos conhecimentos que, desta forma, correm o risco de ser propriedade do par paciente-terapeuta, o que conduz a uma inoperância dos mesmos fora dos limites da sessão e que enreda a situação de aprendizagem na teia de sentimentos que caracterizam as situações de dependência, como são a submissão, a inveja, o temor à própria perda, etc. Enquanto houver dependência, não se deve colocar o sujeito diante de novas aprendizagens, mas trabalhar-se sobre o já conhecido, com o único propósito que o paciente conheça o que é seu; se, durante o transcurso das sessões, a dependência não diminui, é necessário passar a um tratamento psicoterapêutico e corrigir o diagnóstico.

Embora deva ter-se em mente a urgência escolar, para garantir o êxito no tratamento é necessário dar-se tempo suficiente para que todo o conhecimento se assegure completamente como propriedade do paciente esgotando-se em todas as suas aplicações e incluindo-se em aquisições novas. O único conhecimento válido é o que foi processado pelo sujeito, o que consta como uma experiência pessoal, o que se adscreve ao total de sua memória; é deste conhecimento que o sujeito pode dispor quando precisa.

É óbvio insistir em que a capacidade de dependência não afeta apenas o paciente, e que é bastante difícil construir uma relação que seja ao mesmo tempo afetuosa e, no entanto, livre. A vocação psicopedagógica, se é que existe, contém, sem dúvida, esta possibilidade necessária de "dar a troco de nada".

3. Por último, salientamos o último objetivo psicopedagógico, que é o de propiciar uma correta autovalorização. A avaliação da tarefa é preocupação de cada sessão e constitui uma aprendizagem tão valiosa como a própria tarefa. Se o sujeito deve construir uma imagem de si mesmo através daquilo que pode, só a autovalorização lhe permitirá aquilatar este poderio adequadamente. Este aspecto do julgamento é o que está mais deteriorado em crianças com problemas de aprendizagem, as quais mostram-se confusas diante de suas próprias possibilidades, passando das fantasias mais onipotentes às desvalorizações mais punitivas sem encontrar parâmetros para uma medida coerente.

Acostumadas às gratificações secundárias da aprendizagem e submetidas à competição da nota ou do lugar, as crianças continuam procurando fora a notícia de seu rendimento e deixam de atender o sinal interno de satisfação, que provém do equilíbrio da lógica, segundo Freud, ou do exercício de uma operação equilibrante, segundo Piaget. A valorização que provém da melhor resolução de uma situação permite avaliar da mesma maneira a situação já resolvida, seja uma piada, uma máquina ou uma obra de arte.

TÉCNICAS

Para cumprir os objetivos expostos e garantir a conservação do enquadre, adotamos certas técnicas gerais, que são as seguintes:

1. *Organização prévia da tarefa*: Para independizar o paciente do psicólogo, é importante que aquele discrimine o estímulo da aprendizagem como diferente do educador e que assuma a tarefa como coisa própria, alheia a uma exigência que venha de fora. Quando o objeto de estudo é proposto pelo sujeito, volta a formular-se, de modo que se constitua em uma proposição de trabalho, e não como uma simples demanda dirigida ao psicólogo.

   Em cada sessão, então, o psicólogo oferece ao paciente uma tarefa cujo material está preparado, sejam desenhos, problemas, frases para completar, ou relógios sem ponteiros para indicar a hora. Este material, uma vez elaborado, passa a fazer parte de uma pasta, já que freqüentemente volta-se a utilizá-lo como revisão ou inclusão. Esta modalidade permite que o sujeito considere seus todos os conhecimentos elaborados no transcurso da aprendizagem, pois as respectivas ações emanaram dele e voltaram para ele. O psicopedagogo participa na sessão como testemunha, como informador ou como guia eventual em um questionário dedutivo.

2. *Graduação*: Para favorecer a autonomia intelectual é muito importante que a exigência proposta pela situação de aprendizagem esteja adequada às possibilidades reais da criança, levando em conta sua estrutura mental, suas estratégias, seus conhecimentos prévios, os imperativos culturais de seu ambiente, seus interesses pessoais e que se tenha cuidado, especialmente, com a gradação correta das dificuldades sucessivas em cada tema, de modo que o sujeito possa efetuar por si mesmo a assimilação do elemento novo no contexto de redundância que evite qualquer confusão.

   Caso a tarefa não cumpra com estas condições, o sujeito deverá remeter-se ao psicólogo para solicitar sua ajuda e assim confirmará sua dependência; outro é o caso quando faltam dados ao sujeito, pois tal carência é incentivo para provocar no paciente questões mais nítidas; entretanto, estas devem aparecer - dentro do previsível - dentro dos próprios estímulos, ou sua busca deve constituir uma ação conjunta.

   É para este aspecto fundamental da tarefa psicopedagógica, a graduação, que o psicólogo está menos preparado, faltando-lhe recursos pedagógicos e didáticos. Trabalhando em equipe, o aspecto da programação temática e metódica recai sobre um especialista de ciências da educação, o qual deverá seguir de perto o tratamento para determinar os recursos e os estímulos mais aptos em cada caso.

84 Sara Paín

Dentro do possível, então, a solução deve vir da própria manipulação do material pelo sujeito, analisando, juntos, as estratégias propostas e as tentativas de interpretação, para terminar enfatizando e exercitando situações similares até que se confirme ou se integre. Uma das formas que os pais têm para que os filhos não se independizem é elevar o nível de exigência, para logo confirmar que a criança é inútil; ou, então, dar-lhe tarefas muito abaixo de suas condições, subentendendo sua incapacidade para enfrentar uma situação mais complicada. Em ambos os casos, perturba-se na criança a possibilidade de autovalorização.

3. *Auto-avaliação*: Pelo mesmo motivo, toda tarefa tem uma finalidade bem determinada indicada, e tal "determinação mantém-se vigente durante todo o exercício. Assim, por exemplo, se a criança está empenhada em resolver um problema de maçãs e laranjas, saberá claramente que se trata de um exemplo de uma instrução mais geral, como seria "distinguir, quando para solucionar um problema, é preciso somar ou subtrair". Quando se analisa o caderno escolar, como muitas vezes se faz, trata-se de dar-lhe um sentido ao ensino, tentando que o paciente determine qual pode ser a finalidade quando lhe ensinaram tal ou qual coisa.

Apenas quando o sujeito souber de antemão o que é que está tentando adquirir, poderá auto-avaliar seu rendimento e, ao finalizar cada sessão, será capaz de realizar um balanço em termos de "aprendido, continuar", "aprendido, revisar", "não-aprendido e, portanto, inconveniente mudar as condições". É chamativa a dificuldade do paciente, no início do tratamento, para fazer cargo da objetivação de sua atuação. Tendo obtido uma boa aprendizagem, alguns consideram que não aprenderam porque "me custou muito", e outros, ao contrário, "porque foi muito fácil". Entretanto, outros pacientes que não puderam aprender indicam que o fizeram. A análise desses comportamentos permite discriminar e relativizar a relação entre esforço e resultado, despojando este último da carga emocional daquele; o paciente aprenderá que o êxito de uma aprendizagem não está ao final da mesma nem é um prêmio, e sim que a satisfação do exercício pode acompanhar todo o percurso da aprendizagem.

À medida que o paciente vai se independizando, a auto-avaliação perde a importância que lhe é atribuída no início do tratamento, e a avaliação se transforma em fecho, um simples sinal de pontuação que permite encerrar um parágrafo.

4. *Historicidade*: O paciente freqüenta, em média, três sessões semanais; assim, durante três horas semanais, separadas entre si por muitas horas, sua vida transcorre no cenário peculiar do consultório, onde lhe cabe um papel bem-definido. Este transcurso forma uma pequena história chamada tratamento, que, apenas como seqüência, adquire fisionomia; nos casos dos problemas de aprendizagem resgatar essa

seqüência é construir uma memória, um esquema continente de recepção de experiências do qual o paciente carece. Isto se consegue tentando reter e integrar todos os momentos do tratamento, fazendo alusões ao já aprendido e a suas circunstâncias; também incluindo na instrução atual a próxima passada, cujo cumprimento faz possível a presente. Assim, salientamos que "outra vez aprendemos tal coisa, e então hoje podemos aprender ...", ou, se é a criança quem traz o tema, "da outra vez aprendeste tal coisa e, então, hoje queres (ou não queres) continuar com ... ", tentando esclarecer a relação entre o passado e o presente.

Se a continuidade histórica do tratamento é sua garantia, não é por esse motivo que precisa transformar-se em um compartimento estanque da vida do sujeito, um transcurso dentro de um transcurso, pois isto impossibilita que as conquistas adquiridas sejam exercitadas fora dos limites do consultório. Isto se consegue, em parte utilizando o material que a criança traz de sua vida cotidiana, atendendo às suas experiências e interesses. Também é conveniente dedicar alguns minutos da sessão ao resgate daquilo que o paciente "tem pensado", de modo que a sessão não venha a transformar-se em um enorme parêntese na vida do sujeito. Além disso, isto promove o interesse do sujeito pela busca de dados que lhe permitam reconstruir sua própria história pessoal, recuperando o tempo que não pode lembrar, como nasceu, que gracinhas fazia, que pessoas e que coisas desapareceram de sua vida, etc.

5. *Informação*: Um aspecto especial a ser levado em consideração é a informação que precisamos dar ao sujeito para que possa aplicar suas estruturas cognitivas em um nível da realidade. Esta informação só é admitida na medida que se integra com pautas e esquemas que permitiram ao sujeito construir o mundo que ele habita até o presente momento. Portanto, uma boa informação deve partir do conhecimento, por parte do psicólogo, das imagens com as quais o sujeito conta e a motivação ideológica e psicológica de sua escolha. Só a partir daí poderá tentar-se uma correção integral ou uma verdadeira aceitação da informação compartilhada. Uma informação que simplesmente se anexa a outra não a muda e, pelo contrário, cria confusão e dissociação entre uma realidade admitida, mas, ao mesmo tempo, renegada; isto ocorre especialmente quando se trata de temas conflitivos, como a sexualidade e a morte, e se patentiza em outros menos enfatizados como a desigualdade social, a fome (um dos maiores tabus), a guerra, o racismo, a religiosidade, etc.

É necessário, como disse muito bem O. Manonni, prestar atenção ao "no entanto ..." que segue ao "eu sei", porque ali está o momento da cisão que fundamenta a criança. Informar é, primeiramente, entender a articulação da crença, seu benefício social e pessoal, denunciando o lugar onde essa crença o coloca; em segundo lugar, explicitar a real colocação do problema; terceiro, responder esta colocação com os benefícios e os limites da ciência.

Para determinar com mais clareza quais são as crenças e as imagens que o paciente tem, usam-se elementos similares aos utilizados nas provas projetivas, como as lâminas (especialmente "O mundo do homem", editado pela UNESCO), frases incompletas, desenhos, etc., e, para informar corretamente, recorre-se a documentos, a fotografias e a bibliografia séria de divulgação.

6. *Indicação*: Assinalamento e interpretação. A maioria das intervenções do psicopedagogo tem por objetivo explicitar verbalmente as variáveis que definem, em um dado momento, a situação de aprendizagem. Assim, se tornarão manifestas as ações do sujeito e as relações que se estabelecem entre os objetos. Isto se faz necessário, especialmente quando se trata de uma operação que supõe uma seqüência de atividades cuja verbalização ajuda a internalizar como esquema; isto ocorre com os "passos" para multiplicar por cifras, ou para dividir, ou para organizar uma redação, jogar xadrez, etc. A indicação descritiva é, então, parte da ação pedagógica na medida em que supre momentaneamente a dificuldade do sujeito em atender simultaneamente à ordem do todo e a resolução de cada parte; mas lhe permite avançar para a auto-explicação simultânea das operações empreendidas de maneira a conseguir o cumprimento de aprendizagens por canais despersonalizados (livros, revistas, rádio, etc.), o que exige a reversão daquele processo.

Outros momentos obrigam ao assinalamento, no qual não se trata de revelar ou indicar dados da experiência real, mas de tomá-las como sinal de uma variável à qual só podemos nos referir por seus efeitos e enquanto motivação. Assim, quando uma criança rejeita uma tarefa por ser fácil, demandando outra mais difícil, e contando entre seus antecedentes com a superexigência materna como condicionante de uma situação de dependência bem-articulada, assinalamos que "me pedes uma tarefa difícil, que não podes resolver sozinho, desta forma, me obrigas a ajudar-te"; "se começamos por uma mais fácil e vamos, passo por passo, em breve tu vais poder resolver sozinho isto que agora te parece impossível". O assinalamento, em geral, modifica o comportamento na situação atual, mas só através da interação produz mudanças permanentes; a correção se efetua, além disso, na comprovação da possibilidade real de chegar, paulatinamente, ao conhecimento independente construindo, a partir dele, uma nova relação com os demais dentro de uma representação global que a contenha.

Entre os casos de dependência, é necessário não esquecer o daquele sujeito que nunca pede ajuda e que insiste em que já sabe o que tentamos ensinar-lhe, ou que é muito fácil, para logo a seguir, fracassar no exercício, sem que isto lhe sirva para corrigi-lo. A indicação do fato ocorrido "parecia fácil e resultou difícil" ou o simples assinalamento de que "não queres pedir porque isto é o mesmo que admitir que te falta alguma coisa" não parecem ser suficientes, ainda que ajudem para modificar a atitude. É necessário elaborar esse "já sei" buscando sua origem (como sabe), que a criança põe freqüentemente no pai (porque meu pai me disse isso) e assinalar então a finalidade daquela afirmação unida ao previsível fracasso, isto é, a desqualificação do pai que "assopra" (fantasia confirmada em abundantes piadas sobre a reprovação de um tema feito por um pai). Em outro caso, esta mesma atitude pode associar-se mais facilmente com o encobrimento onipotente de uma carência não-admitida ("Já sei ... que não sei") ou o desejo de confirmação de uma ignorância (demonstração de que o que se sabe não se sabe) ou outras variantes que se prestam mais ao tratamento pela interpretação.

Na interpretação trabalha-se, mais do que com os sinais, com os próprios signos, "exclusivos e únicos termos que sustentam a verdade e seu encobrimento". Em função do enquadramento psicopedagógico, os sinais verbais são os que permitem um tratamento interpretativo, não dando lugar aos sinais oníricos e figurativos. Assim, por exemplo, trata-se de que o sujeito interprete a razão de chamar "falta" ao erro de ortografia, isto é, o que é que falta na substituição de uma letra por outra. Engrenam-se desta forma todos os significados simultâneos de carência (faltar) e de pecado (estar em falta) com relação à substituição que representa o erro de ortografia. Outro exemplo é encontrado no aluno inteligente, mas indolente e pouco estudioso, que assim definiu seu interesse diante do psicopedagogo: "é que eu estou pouco ligando para os egípcios", ao que este respondeu "um pouco, quanto estás ligando?"; quando o rapaz percebeu que a frase que dissera era uma frase "feita" que podia ser desfeita, sua convicção quanto ao desprezo que construiu com relação ao conhecimento titubeou e, pela brecha que se abriu por esta interpretação, foi possível seguir adiante no tratamento.

As técnicas de indicação, de assinalamento e de interpretação, podem ser usadas simultaneamente de acordo com o aparecimento de índices, de sinais ou de signos da problemática do paciente e também de acordo com nossa própria possibilidade de assumi-los em cada momento na dimensão da cognição, da emoção ou do desejo.